EVA STANGENBERG

Neumond-Horoskope

Standardwerke der Astrologie

EVA STANGENBERG

Neumond-Horoskope

Wie Sie Ihre Lebensaufgabe durch Astrologie besser verstehen

CHIRON VERLAG

ISBN 978-3-89997-164-4
Deutsche Erstausgabe
2. Auflage 2020

Die Horoskopgrafiken wurden mit Sarastro erstellt
Umschlag: Walter Schneider
© Foto Mauritius Images
Druck: Finidr, Český Těšin, CZ

Zu beziehen über den Buchhandel oder direkt beim
Chiron Verlag, Postfach 1250, D-72002 Tübingen
www.chironverlag.com

Inhalt

Einleitung

In einem Radixhoroskop sind so viele Einzelinformationen enthalten, dass es schwer fallen kann, den roten Faden zu finden: Um was geht es hier im Leben dieser Person? Was sind die Hauptthemen, was ist die Anlage-Idee, die sich entwickeln will? Ein Geburtshoroskop zu deuten ist eine Kunst, die vom Astrologen viele Kenntnisse, Techniken, Erfahrungen und Intuition benötigt. Und alle neuen Errungenschaften an Erkenntnissen und Deutungskriterien zu kennen, ist in der heutigen Zeit fast unmöglich. Trotz dieser Fülle an Informationen erweist sich eine Deutungstechnik als besonders nützlich: die Neumond-Stellung vor der Geburt. Denn trotz üblicher Evidenzerfahrungen in Beratungen gab es immer wieder Irritationen. Warum war beispielsweise dieser Klient mit einer Widder-Sonne und viel Feuer im Horoskop, zudem auch noch männlich, trotz alledem nicht so dynamisch und tatkräftig, wie die Anlage-Idee es empfahl? Wir wissen, dass Erziehung und sozio-kulturelles Umfeld ein wichtiges Wort bei der Entwicklung des Potenzials mitsprechen, aber in diesem Fall wurde sogar von ihm erwartet, mutiger und männlicher zu sein, als er sich selbst fühlte. Er erzählte von sich: «Ich weiß, ich sollte mich eigentlich durchsetzen können und wissen, was ich will. Aber meistens kann ich das immer nur für andere und nicht für mich selbst. Wenn ich meine, ich hätte mich doch nun wirklich mal behauptet, erleben mich andere immer noch eher als zu unentschlossen und sensibel.» Das hörte sich an wie ein Fische- oder Neptun-Thema, aber in seinem

Horoskop war dies überhaupt nicht so dominant zu finden, um eine Erklärung zu bieten für diese Diskrepanz zwischen Radix und Empfinden sowie Erfahrung des Betroffenen. Das Horoskop war nicht falsch berechnet, die Themen richtig gewichtet, und dennoch wurde etwas ihm Wesentliches mit den bisherigen Möglichkeiten und Deutungstechniken nicht erfasst.

Vielleicht haben Sie Ähnliches auch schon erlebt. Sie lernen jemanden kennen und halten ihn z.B. wegen seiner Offenheit, Leichtigkeit und Redefreude für luftbetont oder vermuten sogar eine starke Zwillingskomponente. Im Radixhoroskop entdecken Sie dann später, dass dieser Mensch «eigentlich» viel wässriger sein müsste bei so viel Krebsanteilen.

Auf der Suche nach möglichen Erklärungen erinnerte ich mich an einen Workshop bei Verena Bachmann in Luzern, den ich kurz davor besucht hatte. Er handelte vom Neumond vor der Geburt. Ich fand das Thema äußerst spannend, hielt es aber für sehr speziell und nicht so relevant für die Radix-Deutung. Aber da ich ja nach Erklärungen suchte, erstellte ich für meinen Klienten das Horoskop auf den Neumond vor seiner Geburt. Und siehe da, der stand in den Fischen zusammen mit einigen anderen Planeten. Sollte dieser Neumond tatsächlich die Radixanlage so beeinflussen? Nach 15 Jahren Forschung und Praxistest mache ich keine Radix-Deutung mehr, ohne zumindest die Neumond-Stellung vor der Geburt zu kennen. In vielen Beratungen, Seminaren und auch bei der Arbeit mit unseren Studenten wurde die große Bedeutung des Neumondes vor der Geburt als zusätzliche Information immer klarer. Ich entwickelte ein Modell, mit dem ich schnell und effizient die wichtigsten Kriterien mit in die Beratung einbeziehen konnte.

Zusätzlich zum Neumond vor der Geburt faszinierten mich die Zyklen der folgenden Neumonde nach der Geburt.[1] Hier,

1 Das Buch von Dane und Leyla Rudhyar *Der Sonne/Mond-Zyklus – Ein Schlüssel zum Verständnis der Persönlichkeit* (Wettswil, 1988) gab mir wichtige Anregungen für die praktische Arbeit damit.

in den zwei Neumonden nach der Geburt, fand ich für die Prognose bzw. für die Metagnose wichtige zeitliche Auslösungen, die Erklärungen boten für Ereignisse oder Erlebnisse, die sich mit anderen Methoden nicht finden ließen.

Seither arbeite ich mit diesen drei Neumond-Horoskopen, und da jeder ein ganz spezifisches Thema und einen eigenen Rhythmus hat, bekomme ich wertvolle zusätzliche Informationen sowohl für die Radix-Deutung als auch für die Erstellung des Jahrestrends mit seinen speziellen Themen. So lässt sich die individuelle Zeitqualität der Betroffenen auf einer ganz anderen, umfassenderen Ebene verstehen, und man findet hier häufig die Hintergründe oder den Schlüssel zum Verständnis für bestimmte Lebensthemen oder Lebensphasen.

Zusätzlich zu dieser praktischen und konkreten Arbeit mit den Neumonden beinhalten sie natürlich noch eine tiefe spirituelle Thematik, die uns mit den großen Seins-Fragen konfrontiert und uns Hilfestellung bieten kann beim Finden von Antworten.

Die Astrologie des Neumondes

Der Neumond und sein Zyklus am Himmel

Es war für die Menschheit schon immer faszinierend, das Spiel von Nähe und Distanz zwischen den beiden Lichtern Sonne und Mond am Himmel zu beobachten. Ihr gemeinsamer Zyklus, in den alles auf der Erde eingebettet ist, bildet die Grundlage für unsere Zeiteinteilung und für den Rhythmus des Lebens ganz allgemein.

Ein Zyklus hat einen Anfang, einen Aufstieg, einen Höhepunkt und einen Abstieg bis zum Ausgangspunkt, der gleichzeitig Ende des einen und Anfang des nächsten Zyklus bedeutet. Diese Bewegung, die sich am besten in einem Kreis darstellen lässt, können wir jeden Monat aufs Neue am Himmel an den verschiedenen Mondphasen beobachten. Je nachdem in welchem Verhältnis die beiden Lichter zueinander stehen, ist der Mond für uns in einer bestimmten Form sichtbar. Er strahlt kein eigenes Licht ab, sondern zeigt uns, je nach seinem Winkel zur Sonne als dem zentralen Lichtspender, einen Teil seiner Oberfläche. So können selbst astronomische oder astrologische Laien unschwer den Bezug von Sonne und Mond zueinander erkennen.

Diesen Zyklus nennt man den synodischen Mondumlauf, und er dauert von einem Neumond zum nächsten Neumond etwa 30 Tage. Zwölf Mal im Jahr findet dieses Treffen der beiden Lichter, der beiden symbolischen Urpolaritäten, statt. Zu Beginn des Zyklus bei Neumond stehen sie, von der Erde aus gesehen, auf demselben Punkt des Kreises, und da der Mond uns näher ist, bestrahlt die Sonne jetzt nur die Rückseite des Mondes. Dadurch ist er in dieser Zeit am Himmel nicht sichtbar. Der Mond bewegt sich auf der Kreisbahn viel schneller als die Sonne, er benötigt etwa 28 Tage für eine Erdumrundung. Und so bestrahlt schon etwa zwei Tage später die Sonne wieder einen Teil seiner Vorderseite und eine schmale Mondsichel taucht am Himmel auf. Sieben Tage nach Neumond hat der Mond schon ein Viertel seiner Gesamtstrecke zurückgelegt und seine Form ist die des zunehmenden Halbmondes. Mit dem Vollmond etwa 14 Tage nach Beginn des Zyklus steht er auf dem Höhepunkt, im Kreis der Sonne genau gegenüber. Sie kann seine ganze der Erde zugewandte Seite bestrahlen und als Vollmond leuchten lassen. Beide Lichter sind nun ganz am Himmel zu sehen, und die Scheibe des Mondes wirkt durch die viel geringere Entfernung von der Erde nur unwesentlich kleiner als die der Sonne. Nun senkt sich der Mond auf seiner kreisförmigen Bahn hinab, immer weniger von seiner Form erscheint im Licht der Sonne. Nach abermals sieben Tagen, es sind nun drei Viertel der Gesamtbahn zurückgelegt, nämlich 21 Tage seit Beginn, sieht man ihn als abnehmenden Halbmond. Die Sichel wird immer schmaler, der Mond rückt der Sonne auf der Kreisbahn immer näher, diesmal von der anderen Seite, sodass sie immer weniger der Vorderseite bestrahlt, bis der Mond um den 28. Tag ganz verschwindet. Er ist am Ausgangspunkt des Zyklus, der Gradzahl, auf der die Synode mit der Sonne stattfand, angekommen. Wenn man diesen Anfangspunkt als Fixpunkt betrachtet, benötigt der Mond bis zu seiner Rückkehr nicht ganz 28 Tage. Dieser Zyklus wird der siderische Mondumlauf genannt. Er entspricht dem weiblichen Zyklus und würde auf das Jahr übertragen 13 Umläufe und damit 13 Monate ergeben. Bei der symbolischen Deutung dieser beiden Zyklen wird noch näher darauf eingegangen.

Zurück zum synodischen Zyklus; er hatte vor 28 Tagen begonnen, als Sonne und Mond auf derselben Gradzahl im Kreis standen. In diesen 28 Tagen hat sich die Sonne aber ebenfalls

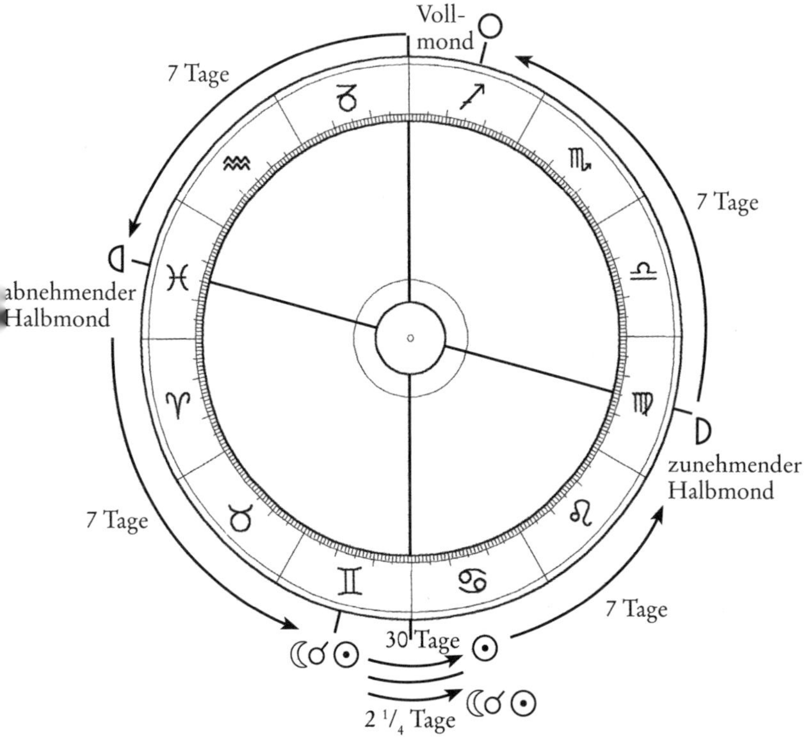

Siderischer Umlauf:
27 Tage
7 Stunden
43 Minuten

Synodischer Umlauf:
29 Tage
12 Stunden
44 Minuten

Abb. 1: Synodischer Umlauf von Neumond zu Neumond (29 Tage, 12 Stunden, 44 Minuten). Siderischer Umlauf von Neumond zu Neumond mit den Aspekten (27 Tage, 7 Stunden, 43 Minuten)

weiterbewegt, etwa um 1° pro Tag, also um die Gradzahl der Anzahl der Tage, nämlich 28°. Damit eine neue Synode stattfinden kann, muss der Mond sich nun ebenfalls um diese 28° weiterbewegen, und dazu benötigt er etwa zweieinhalb Tage, sodass erst ungefähr 30 Tage nach Beginn des einen Zyklus ein

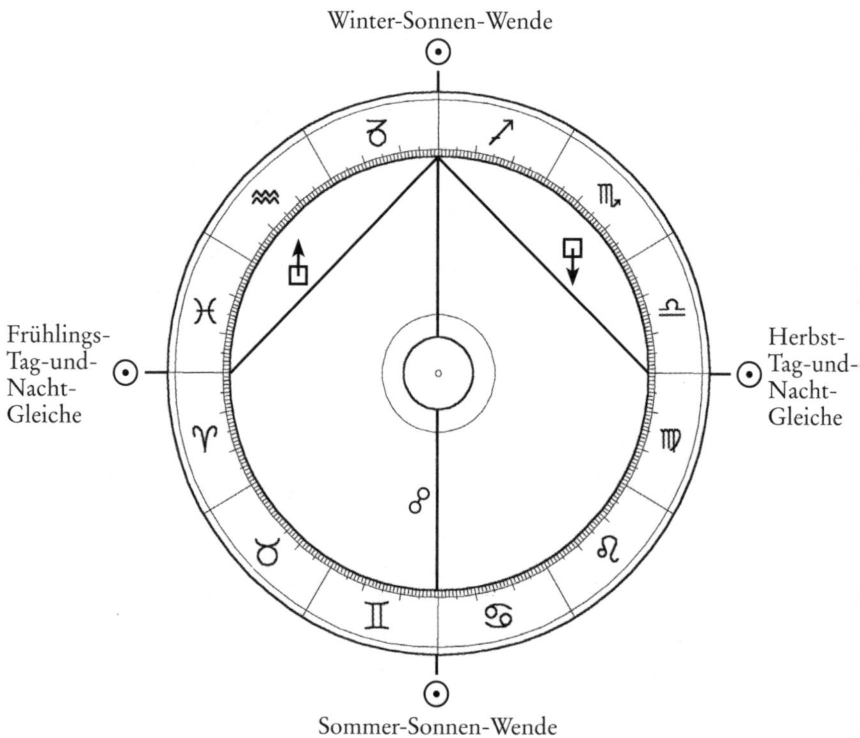

Abb. 2: Der Sonnenzyklus mit den Jahreszeiten

neuer beginnen kann. Sonne und Mond stehen wieder auf derselben Gradzahl, nun etwa 30° weiter im Kreis und ein Monat ist vergangen. Die Sonne befindet sich jetzt im nächsten Tierkreiszeichen.

Diesen Zyklus kann man jeden Monat am Himmel beobachten. Er ist das Urbild, der Archetyp für alles Leben geworden, denn wie er hat alles seinen Anfang, seinen Aufstieg, Höhepunkt und Abstieg bis zum Ende, das jedoch gleichzeitig auch wieder einen Anfang verspricht.

An der Sonne selbst, wenn auch nicht so direkt am Himmel

wie bei den Mondphasen beobachtbar, kann man diesen Lebenszyklus finden, und zwar in der Entsprechung eines Jahres mit den vier Jahreszeiten. Ihr Zyklus beginnt ebenfalls am Tiefpunkt, dort, wo sie sich am wenigsten zeigt – entsprechend Neumond –, wo die Tage, also ihre Lichtkraft, am geringsten ist, nämlich zur Wintersonnenwende, etwa um den 21. Dezember jedes Jahr. In unserem Kulturkreis wird das Weihnachtsfest in dieser Zeit als die Geburt des Lichts gefeiert, das über die Dunkelheit siegt. Dann steigt die Sonne wieder auf, die Tage werden länger und bei 0° Widder, dem Frühlingspunkt, hat sie ein Viertel der Gesamtstrecke zurückgelegt, Tag und Nacht sind gleich lang. Entsprechend dem synodischen Zyklus wäre dieser Punkt der zunehmende Halbmond, astrologisch das aufsteigende Quadrat. Am 21. Juni, dem Höhepunkt und zugleich die Sommersonnenwende, sind die Tage am längsten, sprich die Lichtkraft ist am stärksten. Die Sonne steht nun in Opposition zu ihrem Ausgangspunkt, genau wie bei Vollmond der Mond eine Opposition zur Sonne bildet. Ab da geht es mit den Tagen bzw. der Kraft der Sonne abwärts bis zur Herbst-Tag-und-Nacht-Gleiche. Um den 22. September sind drei Viertel der Gesamtstrecke zurückgelegt; analog der Mondphase wäre dies der abnehmende Halbmond oder, als Aspekt ausgedrückt, das absteigende Quadrat zur Anfangsgradzahl 0° Steinbock. Noch ein Vierteljahr später ist sie am Ausgangspunkt angekommen, der Wintersonnenwende. Ein Zyklus ist beendet, ein neuer kann beginnen.

Die Symbolik der Zyklen von Sonne und Mond

In diesen Kreislauf ist alles Leben auf der Erde eingebettet. Wenn man es symbolisch erfasst, liegt hierin eine große Weisheit verborgen, der Rhythmus allen Lebens, wie wir es verstehen. Man kann es im Jahreslauf oder jeden Monat an den Mondphasen beobachten und auf unser eigenes Leben übertragen, sei es in der Gesamtschau von Anfang über Höhepunkt bis zum Ende, oder aber auch in den vielen Phasen der Entwicklung. Hierin liegt auch viel Tröstliches, denn der Rhythmus erzählt, dass auf jedes Ende ein neuer Anfang folgt. Er fordert uns Menschen allerdings auch auf, nach dem Höhepunkt abzusteigen und letztendlich sogar loszulassen vom Alten, da sonst nichts Neues entstehen kann.

Am synodischen Umlauf des Mondes, also von Neumond zu Neumond, kann man die symbolische Bedeutung dieses zyklischen Geschehens verdeutlichen. In der griechischen Mythologie gibt es Götter, wie z.B. Helios, Apoll oder Herakles, die der Sonne zugeordnet sind. Aber man findet auch dem Mond zugeordnete Göttinnen, und zwar entsprechend den verschiedenen Mondphasen, die die Qualität des jeweiligen Zyklusabschnittes repräsentieren.[2]

Vor dem Blick auf die symbolische Bedeutung, die der gemeinsame Zyklus der beiden Lichter Sonne und Mond beinhaltet, ist es zuerst einmal notwendig, ihre jeweils eigene tiefere Symbolik im Hinblick auf dieses zyklische Geschehen zu betrachten.

Die Sonne übersetzt man in der Astrologie als das Lebensspendende. Nur durch ihre Wärme und ihr Licht ist auf der Erde Leben möglich. Deshalb kann man eine Analogie herstellen zum zeugenden Prinzip, zum männlichen Yang-Pol, zum Väterlichen, zur schöpferischen Idee. Die Sonne symbolisiert auch das Prinzip des Göttlich-Geistigen, das sich in die Welt zeugt, die Ganzheit und die Einheit, die wir Menschen in der Welt der Polarität nicht erfassen können. So benötigt dieses geistigschöpferische Prinzip einen Gegenpol, der empfängt und damit Teile dieser unvorstellbaren Einheit zeigt. Dieser Gegenpol, das weiblich-empfangende Yin-Prinzip, ist der Mond, symbo-

2 Die Mythen dieser «Mondgöttinen» sind ausführlich beschrieben in meinem Buch *Astrologie Mythologisch – das astrologische Alphabet*, Pforzheim, 2. Auflage, 2002. Der Jahresrhythmus in meinem Buch *Mit der Sonne durch das Jahr*, Pforzheim, 2004.

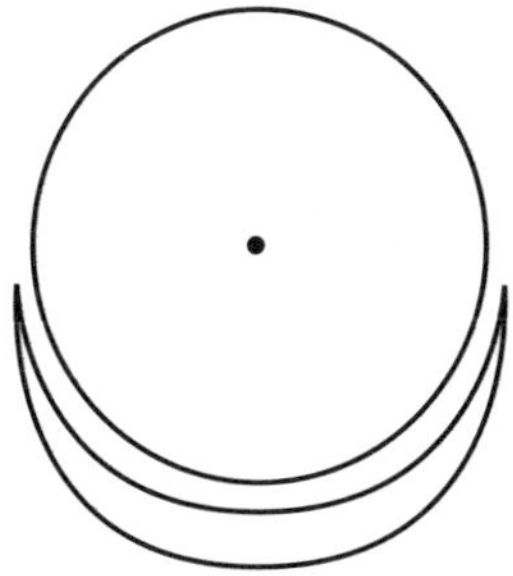

Abb. 3: Die Sonne zeugt sich in die Seelenschale des Mondes.

lisch dargestellt als aufnehmende Schale der Seele. Er hat auch am Himmel kein eigenes Licht, strahlt nur das ab, was er von der Sonne auf seiner Oberfläche empfängt. Auch in unserem Wortschatz findet man den Begriff der «Mutter Erde» oder im Indischen das Wort «Maja» als Entsprechung für die Welt der Erscheinungen, der Realität. «Mare», das Meer, aus dem alles Leben kam, oder «Mater», die Mutter, sind ebenfalls mondverwandte Wörter.

Das väterlich-zeugende und das mütterlich-empfangende Prinzip, Sonne und Mond, als die beiden Urpolaritäten des Lebens verschmelzen nun symbolisch bei Neumond miteinander, sie bilden eine Konjunktion. Die geistige Idee strömt in die Seele oder eben in die Welt der Formen, der Erde und der Körperlichkeit. Jedes Jahr erfolgt einmal pro Monat solch eine Zeugung, wobei die Sonne jeweils in einem anderen Zeichen steht. Jede Zeichenqualität kann also vom Mond einmal pro Jahr empfangen und damit abgestrahlt und in der Welt realisiert werden.

Der Neumond steht hier für den Anfang. Damit kann jeder Anfang gemeint sein. Er entspricht der Samenlegung, dem Urzustand vor Beginn der eigentlichen Entwicklung. In der astrologischen Symbolik könnte man hier unser Radixhoroskop einordnen, die Anlage-Idee, noch im Unbewussten ruhend, die – mit Goethes Worten – «lebend sich entwickelt». In diesem

Horoskopkreis mit den Planeten und sonstigen Symbolen ist der Mensch abgebildet wie eine Pflanze in einer Samenkapsel. Wie sich nun diese symbolisch abgebildete Anlage-Idee verwirklicht und entwickelt, hängt bekanntlich von den vielen Faktoren ab, mit denen uns das Leben konfrontiert. Aber das Geburtshoroskop entspricht dem Samen, der wachsen will. «So musst du sein, dir kannst du nicht entfliehen», um noch einmal aus Goethes Gedicht «Orphische Urworte» zu zitieren.

Man kann die Symbolik des Neumondes als Beginn auch auf jeden anderen Anfang in unserem Leben übertragen, wenn etwas Neues beginnt, das in der Zukunft dem Zyklus der Entwicklung folgen wird, sei es eine Partnerschaft, ein Beruf, eine Reise oder auch nur eine Idee.

Es beginnt etwas, die Samenlegung bzw. die Zeugung hat stattgefunden, aber noch ist nichts sichtbar. Als Aspekt ausgedrückt ist dies eine Konjunktion zwischen Sonne und Mond, wobei die Mondstellung am Himmel auf den Tierkreis projiziert wird.

Ein besonderes Schauspiel zeigt sich uns, wenn diese Konjunktion in der Nähe der Mondknotenachse stattfindet. Sonne und Mond stehen jetzt von der Erde aus gesehen tatsächlich in einer Linie, sie sind auf demselben Grad im Tierkreis, der Mond schiebt sich genau zwischen Erde und Sonne und verdunkelt sie. Dies ist eine spezielle Variante des Neumondes, eine Sonnenfinsternis. Obwohl der Mond viel kleiner ist als die Sonne, kann er durch die besonderen Entfernungsverhältnisse, von der Erde aus gesehen, die Sonne ganz verdecken. Der Mond als Symbol für das Seelisch-Unbewusste, das weiblich-empfangende Prinzip, verdunkelt in diesem Fall das Bewusste der zeugenden Sonnenkraft.[3]

In der griechischen Mythologie entspricht die Mondgöttin Selene, das Ursymbol alles Weiblich-Empfangenden, dieser Phase. Sie empfing vom Jüngling Endymion, der sich in einen

3 Mehr zur Sonnenfinsternis in meinem Buch *Die Spirale der Mondknoten – Sechs Wege zur Mitte*, Tübingen, 2004.

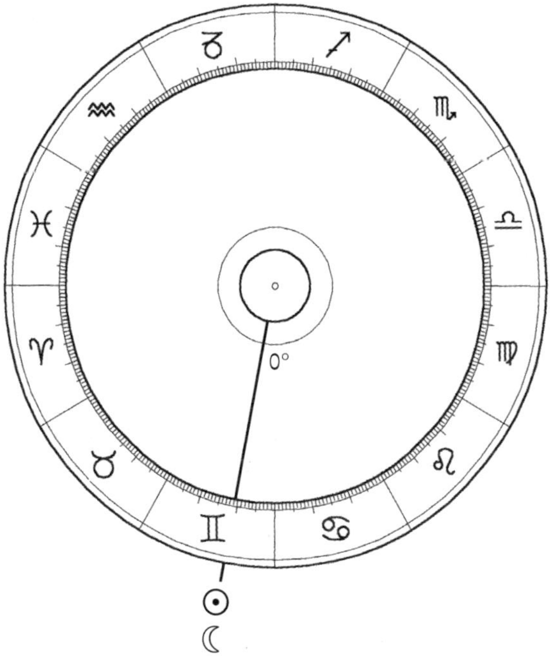

Abb. 4: Selene symbolisiert als Göttin diesen Abschnitt im Mondumlauf

ewigen Schlaf hat versetzen lassen, 50 Kinder, ohne dass der Erzeuger etwas davon bemerkte. Hier geht es also nur um das Empfangen, die männlichen Sonnenkräfte sind noch inaktiv, ebenfalls noch im Schlaf. Selene bedeckt Endymion, die weiblichen Innenkräfte dominieren über die nach außen gerichteten männlichen Anteile.

Auch beim Zyklus der Sonne wirken zu Beginn die dunklen Kräfte der Nacht, des Mondes, des Weiblich-Unbewussten. Bevor etwas nach außen ins Sichtbare wachsen kann, muss es von den seelischen Teilen empfangen worden sein. In dieser Phase sind seelische Offenheit und Empfänglichkeit von Nöten, nicht die gestaltenden aktiven Kräfte. Was wäre die schönste und kreativste Idee, wenn sie nicht aufgenommen und empfangen würde, um erst dann in die Realität, in die Materie, geboren werden zu können?

In unserer monotheistischen, einseitig männlich orientierten Religion ist kein Platz für weibliche Gottheiten. Aber der Zyklus am Himmel in seiner Symbolik zeigt uns gerade, dass zu jedem Beginn die Dominanz der weiblichen Kräfte wichtig ist, damit sich überhaupt etwas realisieren kann. Anhand der zyklischen Weiterentwicklung kann man auch die Gleichwertigkeit der beiden beteiligten Planeten Sonne und Mond bestätigt finden. Zudem hat jeder der beiden Lichter einen eigenen Rhythmus, die Sonne in ihrem Jahreslauf folgt den gleichen zyklischen Gesetzen wie der siderische Mondumlauf in seinen 28 Tagen. Aber hier finden wir erneut die einseitige Gewichtung unserer männlich orientierten Gesellschaft. Beim siderischen Umlauf des Mondes, von Fixpunkt zu Fixpunkt, hätte das Jahr 13 Monate. Die Verbindung von Mond gleich weiblich und der Zahl 13 gleich seiner Umlaufanzahl wurde zum Synonym für Pech und Unglück. Es scheint so, als musste man so viel weibliche Kraft fürchten.

Verfolgen wir den Zyklus weiter. Die Zeugung bzw. die Empfängnis hat stattgefunden. Der Mond, die weibliche Kraft, löst sich aus der Vereinigung mit der Sonne, dem Männlichen, macht sich auf den Weg und beginnt den Umlauf auf der Kreisbahn. Die empfangene Idee im Inneren wächst langsam, oft noch völlig unbemerkt, man geht, bildlich gesprochen, schwanger und die Geburt wird noch eine Weile auf sich warten lassen. Der Mond am Himmel ist noch ganz dunkel und für uns nicht erkennbar, erst nach ein paar Tagen wird eine dünne Sichel sichtbar. Das erste Viertel der Bahn bis zum zunehmenden Halbmond könnte man analog mit den neun Monaten der Schwangerschaft vergleichen. Es wächst etwas, aber es ist noch nicht reif, sich zu konkretisieren. Es ist eher noch im Unbewussten, mit einer wachstumsorientierten Dynamik nach vorne gerichtet, die jedoch noch nicht zielgerichtet ist oder konkret genutzt werden kann. Im

Sonnenumlauf entspricht dies der Zeit zwischen Winter- und Frühlingsanfang. Jeder Grad auf dem Kreis, den der Mond nun zurücklegt, ist für die Entwicklung des Ganzen, der empfangenen Idee, wichtig. Aber es gibt entscheidende Kreuzungspunkte und Wendemarken auf diesem Weg, das sind die beiden Quadrate und die Opposition, jeweils auf den Ausgangspunkt, die Konjunktion, bezogen. Deshalb ist es wichtig, sie für eine Interpretation heranzuziehen. Das Sextil und das Trigon werden nicht berücksichtigt. In der zunehmenden Phase beschreiben sie sowohl kreativ-schöpferische Zeiten ohne allzu viel Druck als auch eine Ruhephase im Prozess des Wachsens nach außen. In der abnehmenden Phase sind diese Winkel Zeiten der inneren Auseinandersetzung mit dem empfangenen und realisierten Thema, jedoch ohne den Stressfaktor, wie wir ihn an den Wendepunkten haben. Es sind keine eigentlichen Wendepunkte und deshalb auch nicht so herausfordernde Zeiten im Zyklus.

Am Quadratpunkt angekommen, der Mond befindet sich etwa sieben Tage nach Neumond im 90°-Winkel zum Beginn des Zyklus, möchte nun das, was empfangen wurde nach außen – es will sozusagen geboren und gesehen werden –, sich realisieren. Nun kann auch die empfangene Idee bewusst wahrgenommen werden: Darum geht es, das ist die Idee, der Samen, das will weiter wachsen. Im Sonnenumlauf ist nun die Zeit des Frühlings gekommen, alles, was vorab noch im Boden verborgen lag, drängt nach außen und wird sichtbar. Jetzt ist es wichtig zu beachten, welcher Samen welche weitere Pflege benötigt, um sich seiner Art entsprechend zu entwickeln. Im Zyklus ist nun die Zeit der Überprüfung gekommen: Welcher Samen zeigt sich da als kleines Pflänzchen in der sichtbaren Realität? Wie konnte es bisher gedeihen? Welchen Reifegrad hat es? Welche weitere Pflege benötigt es? Man kann diese Fragen, die im Frühling die erwachende Natur an uns stellt, symbolisch auf die Qualität und die Erwartungen an diesen Zykluspunkt übertragen.

Wenn man die Phasen des Mondes mit seinen Eckpunkten mit dem Zyklus der Sonne und ihren kardinalen Wendepunkten vergleicht, befinden wir uns jetzt, nach dem Ausgangspunkt im Zeichen Steinbock, im Widder. Dieses Zeichen beschreibt in seiner Qualität wohl auch am besten das Aufbruchgefühl dieser Periode. Dane Rudhyar nennt es in seinem Buch über den Zyklus von Sonne und Mond «die Krise im Außen».

Alle Kräfte sind nun auf das Wachstum nach außen gerichtet, denn die Idee hat lange genug gewartet und will sich endlich realisieren. Der Zustand des Abwartens im Innen oder unsichtbaren Unbewussten ist vorbei.

Das aufsteigende Quadrat zwischen Sonne und Mond, der zunehmende Halbmond am Himmel, symbolisiert also die Qualität des Aufbruchs, aber auch die Notwendigkeit, sich mit der empfangenen Idee im Verhältnis zu den realen Bedingungen auseinanderzusetzen: Was will sich konkretisieren und was ist möglich? Oft entsteht hier Reibung, die genannte Krise, da die vorwärtsdrängenden Kräfte an äußere Grenzen stoßen können, die sie hindern. Saturn als Entsprechung für den Charakter des Quadrataspekts und für die Welt der Formen mahnt zur Überprüfung, womöglich zur Korrektur und zu Geduld und Maß. Das muss sich nicht immer angenehm anfühlen, ist aber vielleicht von Nöten, da sich ansonsten die Idee vor lauter Übereifer und Ungeduld nicht entsprechend optimal entwickeln könnte.

Die Göttin Artemis beschreibt im Reigen der Göttinnen diese Phase im Entwicklungszyklus. Sie symbolisiert das junge, erwachende Mädchen, das sich keinem Mann unterordnen will und auch die Mutterschaft verweigert, die sie in die Pflicht nehmen könnte. Sie bevorzugt das Leben im Wald und in der freien Natur. Artemis ist die Göttin der Jagd, und kein Mann darf sie je ansehen oder gar berühren. Sie ist vergleichbar mit dem Bild der Amazonen, die wild, frei und kämpferisch ihr Leben eigenständig und unabhängig gestalten.

Der Mond am Himmel wächst stetig weiter und ist, wiederum nach sieben Tagen, als volle Scheibe am Himmel zu sehen: Es ist Vollmond. Er steht jetzt seiner Ausgangsposition bei Neumond genau gegenüber, also in Opposition. Der vor 14

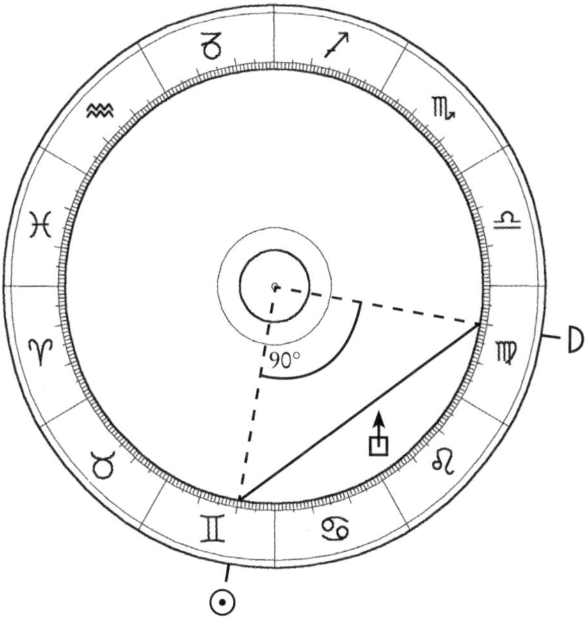

Abb. 5: Artemis ist als Mondgöttin diesem Abschnitt zugeordnet.

Tagen begonnene Zyklus hat seinen Höhepunkt erreicht. Das, was empfangen wurde, ist nun voll sichtbar. Auf den Jahreslauf übertragen ist jetzt Hochsommer, die Sonne befindet sich im Zeichen Krebs und alles ist in voller Blüte. Die Opposition als Aspekt fordert uns auf zur Bewusstwerdung. Jetzt kann man den Samen als Ausgangsidee und das, was daraus gewachsen ist, genau betrachten, es geht also wieder um eine Überprüfung. Je nachdem wie diese bewusste Auseinandersetzung ausfällt, befindet man sich auf dem Höhepunkt der Entwicklung, kann sich für eine Weile zufrieden zurücklehnen und stolz sein auf sein Werk, wie eben auch im Sommer zur Zeit des verdienten Urlaubs nach all den Arbeitsanstrengungen. Es kann aber auch eine Zeit sein, in der man mit seinen Fehlern und Mängeln konfrontiert wird, die schöne Blume des Anlagesamens konnte sich nur dürftig entwickeln und nicht zur Blüte kommen. Unkraut hat sie überwuchert, man hat es an der nötigen Pflege fehlen lassen. Zu dieser Zeit – die bewussten Sonnenkräfte sind am stärksten, denn die Sonne bescheint die gesamte Oberfläche des Mondes und will so alles sichtbar machen – ist ein Wegschauen nicht mehr möglich, man wird mit dem Ergebnis konfrontiert und aufgefordert, sich damit auseinanderzusetzen. Ein großes Spektrum an Erfahrungen und Ergebnissen kann präsentiert werden. Es reicht womöglich von völliger Diskrepanz zwischen dem inneren Wunsch der Ausgangsidee und der geschaffenen Realität, einer Situation der Zerrissenheit, bis hin zum größten Erfolg. Sonne und Mond stehen sich gleichwertig gegenüber, das Innen und das Außen wollen miteinander verbunden werden. An diesem Zykluspunkt ist es wichtig, sowohl das Ergebnis als auch den Weg dorthin ehrlich zu analysieren, denn die Hälfte des Gesamtweges ist schon zurückgelegt. Es ist ein wichtiger Wendepunkt.

Ich möchte diese eine aufsteigende Seite des Zyklus einmal an einem Beispiel verdeutlichen. Nehmen wir an, Sie hatten die Idee, eine neue Sprache zu lernen, z.B. französisch, da Sie des Öfteren nach Frankreich in Urlaub fahren. Sie haben nicht den Anspruch, die Sprache perfekt zu beherrschen, aber für eine normale Alltagskonversation sollte es reichen. So melden Sie sich zu einem Anfängerkurs an und gehen mit Begeisterung die neue Herausforderung an. Zumindest am Anfang lernen Sie auch noch fleißig die Vokabeln, aber mit der Zeit wird aus dem Spaß eben manchmal auch Arbeit und Sie versäumen die eine oder andere Stunde oder die Hausaufgaben. Aber Sie haben eigentlich ein gutes Gefühl, denn im Verhältnis zu Ihren Anfangskenntnissen können Sie eine große Steigerung vermerken. Dann fahren Sie das erste Mal zu einem Kurztrip nach Frankreich. Im Zyklus wäre dies das aufsteigende Quadrat, eine Überprüfung Ihres Wissens ist angesagt, nun können Sie zeigen, was Sie schon alles können. Werden Sie mit sich zufrieden sein oder demonstrieren Ihnen Ihre Lücken, dass es noch viel zu tun geben wird ? Nehmen wir an, sowohl der Frust als auch der Erfolg motivieren Sie, sich im Anschluss an die Reise noch mehr zu bemühen, so wird Sie dieser Urlaub mit den gemachten Erfahrungen zum Erfolg bei der Oppositionsstellung, Ihrer nächsten Reise, führen. Es könnte jedoch sein, dass Sie Ihr Anfangsziel aus den Augen verlieren, sich mit den vorhandenen Kenntnissen zufrieden geben, sei es aus Enttäuschung oder auch aus Bequemlichkeit. In diesem Fall würden Sie dann beim nächsten Urlaub mit dem Scheitern Ihrer Anfangsidee, eine Unterhaltung auf Französisch führen zu können, konfrontiert. Im ersten Fall stimmen Idee und Ergebnis überein, die Arbeit hat zum Erfolg geführt, im zweiten Fall besteht eine Diskrepanz. Um hier oben am Oppositionspunkt ein gutes Gefühl zu haben, ist es also wichtig, immer wieder auf den Ausgangspunkt zurückzukommen, sich an den Wunsch, die empfangene Idee zu erinnern.

Als Göttin repräsentiert Hera diesen Zyklusabschnitt in den Mondphasen. Sie ist die Göttin des Heimes und Herdes und symbolisiert die voll erblühte Frau und Mutter, eine Krebsentsprechung. In der Mythologie herrscht sie mit Jupiter im Olymp, jedoch haben beide auch ihre streitbaren Auseinandersetzungen, in denen Hera sich aber sehr wohl zu behaupten weiß und ihrem Gatten in nichts nachsteht. Jupiter drängt nach außen, sie versucht ihn ans Haus zu binden. So wie der Vollmond rötlich warm am Himmel stehen oder aber weiß und eiskalt sein kann, erinnert sie ihn mit ihren schwankenden Stimmungen und emotionalen Reaktionen daran, dass es auf ihn und sein Verhalten ankommt, wie sie ihm erscheint. Trotz aller Vollmacht und Eigenständigkeit ist Hera sehr abhängig vom Licht des Gatten, das auf sie fällt.

Der Mond kann jetzt nicht mehr weiterwachsen, alles, was er empfangen hat, hat er in strahlendem Licht gezeigt. Nun geht es in der anderen Kreishälfte um den Abstieg, zum Ausgangspunkt zurück. Das Wachsen nach außen ist zu Ende.

Am absteigenden Quadrat, ebenso ein 90°-Winkel zum Aus-

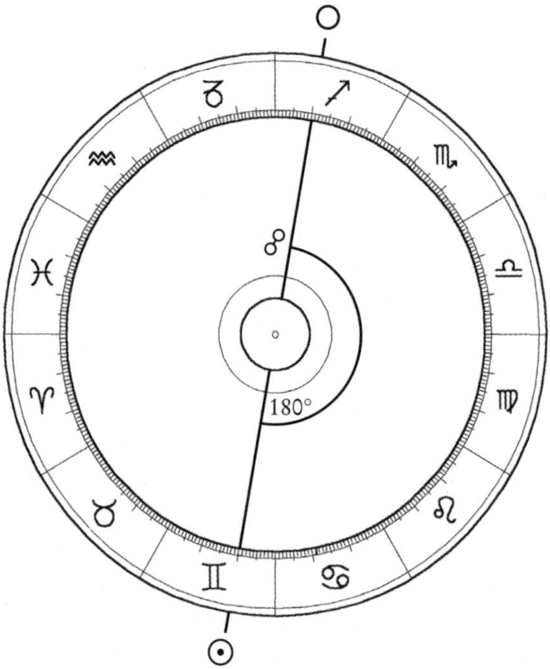

Abb. 6: Hera symbolisiert als Göttin den Höhepunkt des Mond-Zyklus.

gangspunkt, steht wieder eine Krise der Überprüfung und Bewertung an, nun aber eher im Inneren, mit den gemachten Erfahrungen.

Im Sonnenzyklus ist jetzt Herbst-Tag- und Nachtgleiche mit dem Beginn des Zeichens Waage. Hier geht es um die Ernte dessen, was gesät worden ist und was wachsen und sich entwickeln konnte. Die volle Blütezeit ist vorbei und es sind Früchte gewachsen, in denen sich die Samen befinden. Die Frage ist nun: Was hat sich gelohnt und Erfolg gebracht? Was muss verworfen werden und taugt nicht für die neue Aussaat? Hier sollen Erfahrungen verinnerlicht werden als Zugewinn für den nächsten Zyklus. Es ist ein Wachsen im Inneren. Das Außenwachstum ist endgültig vorbei, die runde Scheibe des Mondes hat sich reduziert auf die Hälfte, es ist abnehmender Halbmond am Himmel. Die Essenz des vorangegangenen Wachstums wird konzentriert und im Innen gesammelt und bewahrt. Auch hier kann die Natur ein Vorbild sein für die Anforderungen dieses Zykluspunktes. Alles, was für das weitere Überleben gut und wichtig ist, wird gesammelt und säuberlich versorgt. Die Natur beginnt sich zum Schutz vor den feindlichen Winterkräften nach innen zurückzuziehen. Es wird die dunkle Zeit folgen, in der nichts im Außen getan werden kann, sondern wo Abwarten angesagt ist. Es ist die Zeit der Innenschau, des Rückzuges auf das Wesentliche, des Loslassens vom Konkreten bzw. Materiellen.

Auch dieser Wendepunkt kann als Krise erlebt werden. Die bisher gewohnten Mechanismen greifen nicht mehr, es scheint nicht mehr vorwärtszugehen, sondern rückwärts. Das kann verunsichern und Angst machen und verstärkte Anstrengungen provozieren, ein letztes Aufbäumen gegen dieses Gefühl des Endlichen. Oder der Erfolg im Außen fühlt sich plötzlich schal an, man empfindet nicht mehr diese Begeisterung oder den Elan, der einen einst vorwärtsgetrieben hat. Vielleicht kommen jetzt Fragen auf nach dem Sinn dessen, was man getan hat, oder man macht sich Gedanken darüber, wie man die gemachten Erfahrungen auf der nächsten Ebene nutzen kann. Die Auseinandersetzung erfolgt hauptsächlich im Innen, und oft ist die Umwelt des Betroffenen ebenso irritiert wie er selbst, da sie beide nicht verstehen können, was sich denn nun eigentlich geändert haben soll.

Auf den gesamten Lebenszyklus eines Menschen übertragen wäre dies die Zeit der Reife, wo man sich allmählich aus dem aktiven Berufsleben zurückzieht und Platz macht für die nächste Generation, ihr aber mit dem Rat der Erfahrung zur Seite stehen kann.

So steht auch die Göttin Athene, Vertreterin dieses Entwicklungsabschnittes, für die Weitergabe von Weisheit und Kulturgütern. Sie vertritt Ethik und Moral, die auf Erfahrung beruht und das Ungestüm im Kampf um Gerechtigkeit hinter sich gelassen hat. Wir befinden uns hier am gegenüberliegenden Punkt

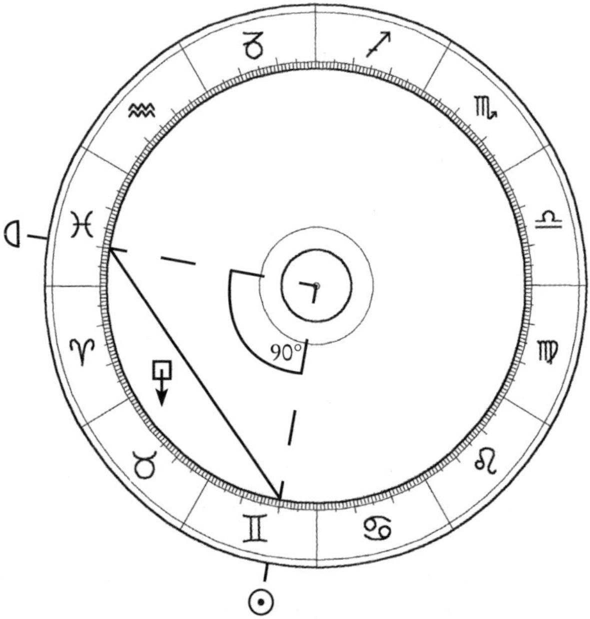

Abb. 7: Die Göttin Athene ist diesem Abschnitt im Mondumlauf zugeordnet.

zum Zeichen Widder, wo Tag und Nacht, Sonne und Mond auch gleich stark waren wie hier bei der Herbst-Tag-und Nachtgleiche in der Waage. Ging es jedoch am Frühlingspunkt noch um das Wachstum nach außen, um die sichtbaren und konkreten Errungenschaften, für die man Energie, Mut und spontanen Kampfgeist brauchte, so geht es jetzt um den gerechten Ausgleich für die inneren Kräfte und die gesellschaftlichen ethischen Anliegen. Der Mensch ist nicht nur ein persönliches Wesen, das die eigenen Ziele zur Verwirklichung bringt, sondern auch Teil einer Gesamtheit, für die es in diesem Abschnitt Verantwortung zu übernehmen gilt, in dem man die gemachten Erfahrungen mit der Weisheit der Reife weitergibt.

Nun geht es immer weiter hinunter im Kreis zum Ausgangspunkt des Zyklus zurück. Die Sichel des Mondes wird immer schmaler und verschwindet schließlich ganz. Wir befinden uns jetzt in der Dunkelmond-Phase, Dane Rudhyar nennt sie «Balsamische Phase», kurz vor Vollendung des Kreises. Der Mond hat alles an Licht abgegeben, was er aufgenommen hatte, er ist nun ganz leer und bereit für die Aufnahme einer neuen Idee, eines neuen Samens. Diese Zeit fühlt sich häufig an wie ein Transit der geistigen Planeten. Man steckt in einem dunklen Tunnel, es geht nicht mehr rückwärts, das Alte ist nun endgültig vorbei, aber das neue Licht am Ende des Tunnels ist noch nicht sichtbar. Man empfindet vielleicht eine Leere, vielleicht auch eine Gleichgültigkeit, im positiven Sinne eine Gelassenheit, oder auch eine Endzeitstimmung mit Aufbruchimpulsen, die man sich nicht erklären kann. Auf der anderen Seite beinhaltet diese Phase die gesamte Weisheit des Zyklus. Es kommt nichts Neues mehr, man hat alle Erfahrungen gemacht, verarbeitet und verinnerlicht. Hier ist die Schwelle zum Ende, und so ist es Hekate, die Göttin der Schwelle zum Reich des Todes, die diese Phase symbolisiert. Ihre Gestalt und ihre Macht über Leben und Tod löste sowohl bei den gebärenden Frauen, die ihr auf der Schwelle opferten oder sie um Hilfe baten, als auch bei den Männern im patriarchalen System Furcht aus. Sie entsprach dem Bild der Hexe, die zu den tiefen Weisheiten Zugang hatte, sich keiner weltlichen Hierarchie beugte und unabhängig im Wald (dem Symbol für die Natur und das Reich der Seele) lebte. Sie wusste um die tiefen, ewig gleichen Gesetze des Lebens und um den Rhythmus von Werden und Vergehen und nutzte ihr Wissen gleichermaßen in die eine und die andere Richtung, Leben nehmend und Leben bewahrend.

Wenn man es mit dem Jahresrhythmus vergleicht, wären das die Zeichen Skorpion und Schütze. Die Symbolik des achten Zeichens beinhaltet das Ende des Zyklus und die Konzentration auf das Wesentliche, sprich auf das, was überleben wird, nämlich den Kern. Mit dem Zeichen Schütze entwickelt sich auf diesen Kern bezogen eine neue Zukunftsidee. Aber die Hoff-

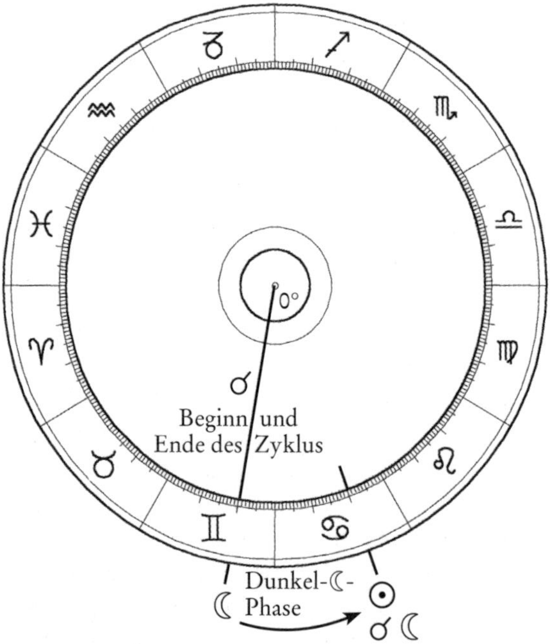

Abb. 8: Hekate als «Schwellen-Göttin» zwischen den Welten verkörpert diesen letzten Abschnitt.

nung auf das Neue und die Gewissheit, dass es kommen wird, was diesem Zeichen zu eigen ist, ist nur eine Seite dieser Zeitqualität. Am besten lässt sich diese «balsamische Mondphase» vielleicht mit einigen Fische-Entsprechungen vergleichen. Man hat alles Persönliche hinter sich gelassen, ein großes Vertrauen in den Fluss der Zeit und die Geborgenheit einer höheren Führung entwickelt und ist bereit, sich für Aufgaben einzusetzen, die über die eigenen Interessen hinausgehen. Man ist offen, sensibel und empfänglich für das Umfeld, vielleicht erfüllt von der Sehnsucht nach einer Aufgabe, in die man sich hineingeben oder auch für die man sich aufgeben kann. Der dunkle Mond ist ein Bild für diese Bereitschaft und Offenheit, den neuen Samen zu empfangen. Da man aber noch nicht weiß, was kommen wird, ist diese Zeit häufig geprägt von Unsicherheit und Orientierungslosigkeit, die sehr verunsichern kann.

Bis zur neuen Konjunktion zwischen Sonne und Mond, dem Empfangen einer neuen Idee, werden noch weitere Tage, etwa zweieinhalb bis drei, vergehen. Dies ist die eigentliche Dunkelmond-Phase, denn der Mond ist überhaupt nicht mehr sichtbar. Von der zyklischen Entwicklung her betrachtet beginnt sie allerdings schon etwa zwei Tage bevor der Mond den Ausgangspunkt erreicht.

In dem Kapitel über den Wechsel zwischen dem ersten und zweiten Neumond nach der Geburt wird noch einmal speziell auf diese Phase eingegangen und an Beispielen erläutert.

Der progressive Zyklus des Mondes

Der Zyklus wurde so ausführlich beschrieben, da er das Grundmuster darstellt für die Entwicklung des Neumondes, das wir später für die Deutungsarbeit in Bezug auf das Radixhoroskop und die jährlichen Themen benutzen. Jeden Monat können wir dieses Geschehen am Himmel beobachten. Bei der Arbeit mit den Neumond-Horoskopen nehmen wir allerdings die reale tägliche Wanderung des Mondes von 12° bis 14° in der progressiven Methode. Dabei wird die Tagesbewegung analog übertragen auf ein Jahr. Die Kurzformel für die Progression lautet: Ein Tag ist gleich ein Jahr.

Wenn man sich die oben genannten Zeitabschnitte in Tagen noch einmal anschaut und sie auf Jahre überträgt, hat der gesamte Zyklus des progressiven Neumondes eine ähnliche Dauer wie der Zyklus des Saturns zu sich selbst, nämlich etwa 28 Jahre. Saturn startet seinen Umlauf an seiner Geburtsstellung, und gleichzeitig beginnt auch der siderische Umlauf des Mondes. Anders verhält es sich allerdings mit dem synodischen Zyklus, der beginnt je nach Radix-Verhältnis von Sonne und

Mond ganz individuell, und zwar erst mit dem Neumond. Darauf werde ich im nächsten Abschnitt genauer eingehen. Hat der gemeinsame Zyklus von Sonne und Mond erst einmal begonnen, folgt er den Regeln der Entwicklung von Neubeginn zu Wachstum bis hin zum Höhepunkt in den ersten 14 Jahren und wieder vom Abstieg bis zum Ende nach weiteren 14 Jahren, wie oben ausführlich beschrieben. Dabei dauern die Abschnitte bis zum jeweils nächsten Wendepunkt, z.B. vom Neumond bis zum aufsteigenden Quadrat, nun nicht mehr sieben Tage, sondern entsprechend sieben Jahre. Wir haben mit diesem synodischen Neumondzyklus also, zusätzlich zum kollektiven Siebener-Rhythmus des Saturn, noch einen ganz individuellen Siebener-Rhythmus, den des progressiven Neumondes.

Die Technik der Sekundärprogression ist zum Verständnis dieses Buches nicht unbedingt Voraussetzung, wenn man allerdings tiefer in das Thema einsteigen möchte, empfiehlt sich das Buch von Ernst Ott, *Lebensweg-Analyse, Lehrbuch der astrologischen Progressionen.*[4]

Das Verhältnis von Sonne und Mond im Radixhoroskop

Der Zyklus der Entwicklung einer Idee beginnt mit der Samenlegung, mit der Konjunktion zwischen Sonne und Mond. Daraufhin löst sich der Mond von der Sonne und bewegt sich im Tierkreis vorwärts, zwischen 12° und 14° pro Tag. Unser Geburtshoroskop bildet nun in der individuellen Stellung des Mondes zur Sonne den Zyklusabschnitt ab, an dem die Geburt stattfand. Wie man bei der Zyklusentwicklung sehen konnte, hat jeder Abschnitt seine ganz spezielle Bedeutung, und es ergibt sich daraus ein großer Unterschied, ob jemand im auf-

4 Ernst Ott, *Lebensweg-Analyse, Lehrbuch der astrologischen Progressionen*, Tübingen, 2001.

steigenden oder im absteigenden Zyklus geboren wurde. Dane Rudhyar gab jedem besonderen Abschnitt einen eigenen Namen und nannte sie Mondgeburtstagstypen.[5]

Stellen wir uns einen Menschen vor, der mit einer Fische-Sonne und dem Mond in den Zwillingen, also am aufsteigenden Quadratpunkt, geboren wurde. Hier geht es von der Symbolik des Entwicklungskreises her um eine Krise im Außen, im Handeln, um den Drang, etwas nach außen wachsen zu lassen, in die Realität zu bringen. Möglicherweise wird sich dieser Mensch mit seiner Sonne gar nicht so typisch in der Beschreibung der Fische-Qualität wiederfinden, da er sich selbst als viel drangvoller und dynamischer erlebt. Wir erinnern uns, dass das aufsteigende Quadrat seine Entsprechung in der Widder-Qualität findet. Wenn wir die Deutung auf die Sonne in den Fischen reduzieren, wäre hier die Idee nicht etwa, sich in sich zurückzuziehen oder gar der schnöden Welt zu entsagen, sondern gerade im Gegenteil, etwas aus seiner Fantasie und Intuition in die Welt zu konkretisieren.

Umgekehrt könnte sich vielleicht eine Widdersonne im Radixhoroskop mit dem Mond im Zeichen Steinbock nicht so dynamisch und spontan nach außen orientiert erleben, wie es allein von der Zeichenstellung der Sonne zu vermuten wäre. Dieser Mensch wäre nämlich im absteigenden Zyklus von Sonne und Mond geboren und seine Interessen würden daher eher der inneren Verarbeitung und Auseinandersetzung mit der Welt der Erscheinungen gelten als deren konkreter Bewältigung. Bei dem in der Einleitung erwähnten Klienten war dies der Fall.

Um den eigenen Geburtszykluspunkt herauszufinden, empfiehlt es sich, das Radixhoroskop so zu drehen, dass sich die Sonne unten im Kreis befindet. Wenn man sich nun von der Sonne aus eine senkrechte Linie bis zum Oppositionspunkt im gegenüberliegenden Zeichen denkt und der Radix-Mond befindet sich in der rechten Hälfte des Kreises von der Sonne aus

5 Nachzulesen in Rudhyar: *Der Sonne/Mond-Zyklus.*

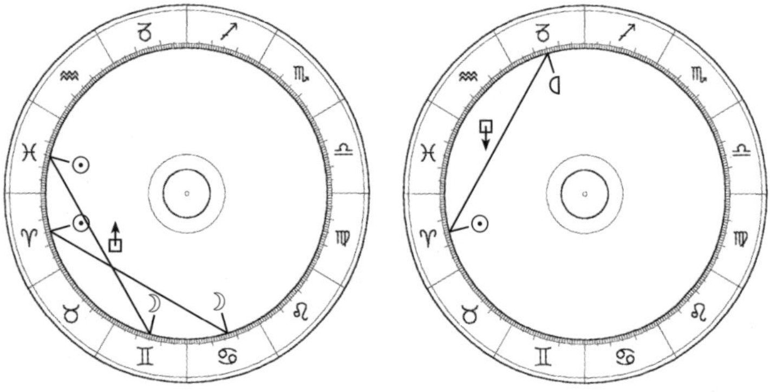

Abb. 9: Absteigendes oder aufsteigendes Quadrat

gesehen, ist man im aufsteigenden Zyklus geboren. Umgekehrt ist man im absteigenden Zyklus geboren, wenn sich der Mond in der linken Hälfte befindet. Anders ausgedrückt, man ist im aufsteigenden Zyklus geboren, wenn sich der Mond im Tierkreis der Sonne voraus befindet bis hin zum Oppositionspunkt; im absteigenden Zyklus, wenn er im Tierkreis hinter der Sonne steht. Der Wendepunkt ist auch hier die Opposition.

Wenn wir astrologisch beratend tätig sind, ist es wichtig, das Radixhoroskop als Abbildung von vielen verschiedenen Zyklen zu verstehen, worin der Geburtsmoment nur eine Augenblicksaufnahme ist. Denn auch das Radixhoroskop «ist» ja nicht, sondern will sich als Anlage-Idee des betroffenen Menschen im Verlauf des Lebens erst noch entwickeln. So ist es beinahe unerlässlich, den Geburtszykluspunkt zwischen Sonne und Mond in seiner Symbolik der Entwicklung in die Deutung mit einzubeziehen.

Die Frage ist, was es denn mit einer Geburt bei Neumond auf sich habe. Dieser Zykluspunkt muss genau betrachtet werden, denn Neumond ist nicht gleich Neumond. Bei der zyklischen Entwicklung konnte man sehen, dass die grad-, minuten- und sekundengenaue Konjunktion sowie die Samenle-

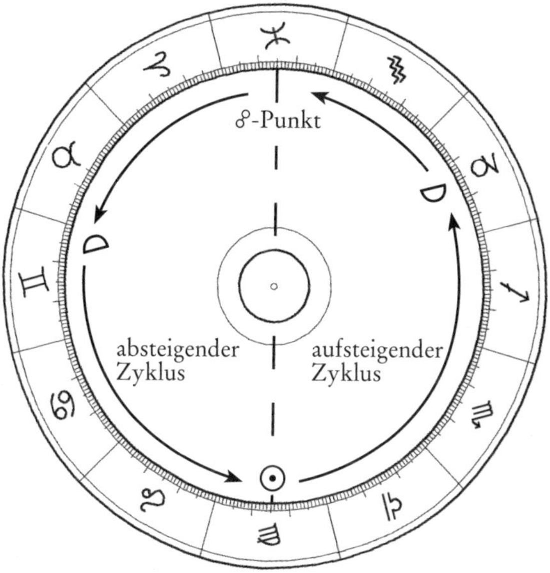

Abb. 10: Auf- oder absteigender Zyklus

gung die Zeugung der Idee symbolisiert und damit den Beginn des Zyklus.

Ich beschreibe dies gerne als Bild eines Liebespaares, «Herr Sonne» und «Frau Mond» im Schlafzimmer: Befindet sich bei einem Menschen der Mond im Geburtshoroskop wenige Grade oder Minuten im Tierkreis hinter der Sonne, steht «Frau Mond» quasi noch vor dem Bett, die Vereinigung der beiden Lichter und die Zeugung der neuen Idee hat noch nicht stattgefunden, sondern war etwa 30 Tage vorher. Den Neumond vor der Geburt finden wir also etwa 30° hinter der Radix-Sonne. Anders, wenn der Betreffende in seinem Radixhoroskop den Mond wenige Minuten nach der Sonne, also im Tierkreis vor der Sonne, stehen hat. In diesem Fall hat «Herr Sonne» sich schon in «Frau Mond» gezeugt, der Akt der Empfängnis ist abgeschlossen und der Neumond vor der Geburt steht ganz dicht hinter der Radix-Sonne.

Unter Einbeziehung der zyklischen Symbolik wird jetzt klar,

dass dies für die Deutung einen gravierenden Unterschied beinhaltet. Im ersten Fall ist der Mensch in der offensten balsamischen Phase geboren und hat seinen Neumond vor der Geburt in aller Regel im Zeichen vor der Radix-Sonne, im zweiten Fall befindet er sich in der noch ganz unbewussten «Widder-Phase» mit dem Neumond in enger Konjunktion zu seiner Radixhoroskop-Sonne.

Wenn man den Zykluspunkt bei der Geburt gefunden und in seiner Qualität gedeutet hat, ist es natürlich zusätzlich interessant zu erfahren, welche empfangene Idee sich denn nun entfalten will. Die gezeugte Idee, der Samen, zeigt sich im Neumond-Horoskop vor der Geburt, und der Winkel von Sonne und Mond im Radixhoroskop beschreibt, auf welche Art und Weise dieser Mensch nun aufgefordert ist, die empfangene Idee umzusetzen.

Alle Menschen, die in diesem 30-tägigen Sonne/Mond-Zyklus geboren sind, haben denselben Neumond vor der Geburt, dieselbe Idee empfangen und deshalb mit vielen anderen ein gemeinsames Thema. Das Radixhoroskop mit dem speziellen Geburtszykluspunkt ist aber individuell und zusätzlich gibt es noch einige persönlich unterschiedliche Punkte im Neumond-Horoskop. So wird jeder dieses Thema auch ganz auf seine eigene Art und Weise umsetzen. Dazu mehr im Kapitel «Weiterführende Techniken und Deutungskriterien».

Berechnung der Neumond-Horoskope

Wenn kein Computer oder entsprechendes Astrologie-Programm zur Verfügung steht, geht die Berechnung auch von Hand. Dazu wählt man in den Ephemeriden den mit einem schwarzen Kreis gekennzeichneten Neumond vor dem Geburtsdatum. Daneben befindet sich eine Zeitangabe, es ist die GMT-Zeit, die Greenwich Mean Time oder auch Weltzeit genannt, des betreffenden Neumondes. Bei der Berechnung der Planeten braucht man also nicht mehr von Ortszeit auf GMT-

Zeit umzurechnen. Nun hat man den Tag, das Jahr und die Zeit, wählt den entsprechenden Ort und kann ein ganz normales Radixhoroskop berechnen. In der Regel nimmt man hier den Geburtsort, da es zu vermuten ist, dass sich die Mutter so kurz vor der Geburt ihres Kindes nicht mehr auf eine weite Reise begeben hat. Wenn man allerdings weiß, wo sich die Mutter an diesem betreffenden Tag und zu dieser Stunde aufgehalten hat, nimmt man diesen Ort.

Auch der erste Neumond nach der Geburt befindet sich als schwarzer Kreis in den Ephemeriden, diesmal nach dem Geburtsdatum, wieder mit GMT-Zeitangabe, und der zweite Neumond nach der Geburt ist der darauf folgende schwarze Kreis.

Die meisten Computerprogramme haben die Berechnung des Neumondes im Angebot.

Bei der Eingabe des Suchdatums für den Neumond vor der Geburt geht man folgendermaßen vor: Man schaut den Zykluspunkt von Sonne und Mond bei der Geburt im Radixhoroskop an (z.B. Mond am aufsteigenden Quadratpunkt zur Sonne), rechnet die Tage zurück, die der Mond schon gelaufen ist (bei unserem Beispiel etwa sieben Tage), und zieht sie vom Geburtsdatum ab. Da ein Programm vermutlich den nächst folgenden Neumond nach diesem Datum sucht, zieht man zur Sicherheit immer noch ein oder zwei Tage mehr ab. So findet es dann bestimmt den Neumond vor der Geburt und nicht etwa den ersten Neumond nach der Geburt. Zur Kontrolle: Der Neumond muss sich immer hinter der Radix-Sonne im Tierkreis befinden und Sonne und Mond müssen die exakt gleichen Grade, Minuten und Sekunden haben.

Entsprechend geht man bei den beiden folgenden Neumonden vor: Etwa 30 Tage nach diesem ersten Datum, dem Neumond vor der Geburt, wird der erste Neumond nach der Geburt sein. Zur Sicherheit zählt man nur 28 Tage zu diesem Datum dazu, damit das Computerprogramm auch den folgenden Neumond findet. Der zweite Neumond nach der Geburt wird auf die gleiche Art und Weise ermittelt.

Deutungskriterien

Alle drei Neumond-Horoskope können von der Form her als Radixhoroskope angesehen werden mit ganz normalen Deutungskriterien. Allerdings gilt es hier zu beachten, dass alle Menschen, die in diesem Zyklus geboren sind, die gleiche Neumondstellung haben. Der AC und die Häuser können jedoch, je nach Ort, variieren. Deshalb bildet dieses Horoskop quasi ein kollektives Thema ab und ist nicht so individuell anzugehen.

Allen gemeinsam ist die Stellung des Neumondes im Zeichen und eventuell im Haus. So konzentriert man sich zuallererst auf diese Stellung und deutet sie, je nach Thema des Neumondes. Dieses hat sich der Betreffende zusätzlich zu seinem ganz individuellen Radixhoroskop als Aufgabenstellung vorgenommen. Hierin findet man die Beschreibung auf die Frage «Wozu bin ich da?» und die drei Antworten, oder auch Zwecke, des Daseins. Als Nächstes bezieht man den AC und Planeten mit ein, die dominant in Konjunktion auf einer der Hauptachsen stehen. Sie gehören zum ausgewählten Zweck dazu und können, je nach Geburtsort, ganz individuell sein.

Für eine normale Radix-Deutung genügen diese Punkte als Hintergrundinformationen aus dem Neumond vor der Geburt. Sie werden nun mit dem Geburtshoroskop kombiniert. Näheres dazu im Abschnitt «Der Neumond vor der Geburt als Hintergrundinformation für die Radix-Deutung».

Für eine Feinanalyse oder für einen Jahrestrend zur Frage, wo der Klient im Moment steht, geht man bei den folgenden Neumonden bei der Auswahl der Kriterien (Neumond in Zeichen und Haus, AC, dominante Planeten) gleich vor. Man berücksichtigt aber den Beginn des Themas des Neumondes (erster oder zweiter nach der Geburt), in dem sich der Betreffende befindet, den momentanen Zykluspunkt und die zeitlich vorangegangenen Eckpunkte.

Wenn ein Klient allerdings den Wunsch hat, tiefer in sein spirituelles Lebensthema einzusteigen, wenn ihn die Frage nach dem «Wozu bin ich da?» beschäftigt, benötigt man noch einige zusätzliche Informationen.

Diese werden im Abschnitt «Weiterführende Techniken und Deutungskriterien» genauer erläutert.

Verschiedene Deutungsansätze der drei Neumond–Horoskope

Jeder Mensch hat also neben seinem Radixhoroskop noch das Horoskop seines Neumondes vor der Geburt, das die Anlage-Idee zusätzlich auf eine ganz spezifische Art färbt. Außerdem erleben in der Regel alle Menschen mit durchschnittlicher Lebenserwartung ihren ersten und zweiten progressiven Neumond nach der Geburt. So ist es wichtig, diese drei Neumond-Horoskope in ihrer Symbolik zu klären und zu unterscheiden, damit wir mit den unterschiedlichen Bedeutungen und Anwendungen umzugehen verstehen.

Spiritueller Ansatz

In meinen Seminaren über die Neumonde beginne ich mit der Frage an die Teilnehmer: «Wozu sind wir hier, hier in der Welt?» Ich benutze dabei bewusst das Fragewort «wozu» und nicht etwa «warum». Denn auf die Frage «Warum?» bekommen wir als Antwort ein «Weil ...», denn es handelt sich um eine kausale Fragestellung und diese impliziert eine Ursache, die möglicherweise in der Vergangenheit bzw. im Karma gesucht werden kann. So nennen manche Autoren den Neumond vor der Geburt auch den karmischen Neumond, da er die Altlasten oder die mitgebrachten Aufgaben, die es zu lösen gilt, beschreibe. Das mag sein, und doch bleiben es in der psychologischen Astrologie – unabhängig von der Karma-Theorie –Spekulationen über vergangene Leben. Denn mehr könnten sie auch nicht sein, da alle Horoskopfaktoren Symbole und damit mehr- oder sogar vieldeutig sind. Außerdem würde der Horoskopeigner bei der Antwort «Weil ...» zu sehr festgelegt werden und wäre an eine Vergangenheit gebunden, die er im Hier und Heute nicht mehr ändern könnte. Manche dieser «Weil»-Antworten dienen somit als Begründung für jetziges Verhalten oder gar als Ausrede, nichts ändern zu können. Es stellt sich die berechtigte Frage, ob dies noch ein sinnvoller Umgang mit der astrologischen Symbollehre ist.

Die verschiedenen Religionen geben uns Antworten auf den Hintergrund oder den Ursprung der menschlichen Existenz. So zum Beispiel die christliche Version vom Sündenfall und der Vertreibung aus dem Paradies mit der Folge der Erbsünde. Adam und Eva hatten sich aufgelehnt gegen ein göttliches Gebot. In der griechischen Mythologie brachte Prometheus den Menschen das göttliche Feuer und ermöglichte ihnen damit, sich wenigstens zum Teil von der Vormacht der Götter und damit aus ihrem unbewussten Zustand zu befreien. Auch er übertrat damit die Gebote des obersten Gottes Jupiter.

Der Mensch schaffte, auf welche Art und Weise auch immer, den Quantensprung vom Tier, das sich selbst, seiner Eigenart und seiner Endlichkeit nicht bewusst ist, zu einem geistigen Wesen, das sich als Einziges gegen seine Natur verhalten kann. Und das scheint der Hintergrund all der Abtrennungsideen oder Sünden zu sein. Der Mensch in seiner einmaligen oder häufigen Inkarnation ist nun durch Entwicklung hier in der Welt auf dem Weg im Kreis zurück zum Ausgangspunkt, zum Paradies, aus dem er einst kam bzw. in den Himmel; beides sind Synonyme für die Einheit. Jetzt aber ist er bewusst und absichtsvoll und nicht unbewusst verbleibend. Dieser Vorgang wird sehr schön erzählt in der Geschichte vom verlorenen Sohn, der aus freien Stücken zum Vater zurückkehrt, nachdem er sich zuvor von ihm getrennt hat.

Alle Bewertungen von einem guten oder schlechten vorigen

Leben entsprechen unseren heutigen moralischen Kriterien und sind daher sehr subjektiv. Auch lässt Strafe oder Belohnung keine individuell freie Entwicklung mehr zu und bindet damit an die Vergangenheit.

So frage ich meine Student/-Innen also: «Wozu sind wir hier in dieser Welt?», und dieses Wort lässt ein «Damit ...» erwarten, es ist eine finale Frage und impliziert einen Sinn oder einen Zweck. Im Verlauf der Diskussion kristallisieren sich in der Regel drei Ansätze für den möglichen Zweck oder Sinn des Daseins heraus.

Die Zahl drei ist in vielen Systemen eine wichtige Zahl. In unserem christlichen Weltbild symbolisiert sie z.B. die Vereinigung von Vater, Sohn und Heiligem Geist. Wir kennen es auch als die Dreiteilung mit der Aufgabe der Verbindung von Körper, Seele und Geist. In der astrologischen Aspektlehre entspricht sie dem Trigon als Vereinigung von These und Antithese zur Synthese auf einer höheren Ebene. So ist es nicht nur zufällig, dass es auch hier, bei der Suche nach dem Zweck des Daseins, drei Ansätze gibt.

Der erste Zweck, und der am meisten genannte, ist sicher derjenige der Weiterentwicklung der Seele auf der Spirale, der Kreisbewegung, die sich nach oben verjüngt, hin zur Einheit, was immer man sich darunter vorstellen mag. Die Seele hat sich einst, als sie, bildlich gesprochen, das Paradies verließ, abgespalten von der Einheit und ist nun auf dem Weg durch die Inkarnationen dorthin zurück, vom Paradies des Urzustandes in den Himmel der Einheit. Nur gebunden an einen Körper und in der Welt der Polaritäten ist es möglich, Erkenntnisse zu erlangen und bewusst und freiwillig den Weg zur Mitte zu gehen.

Als Adam und Eva aus dem Paradies vertrieben waren, heißt es: «Und sie erkannten sich», und zwar als die Urpolaritäten überhaupt, als männlich und weiblich.[6] Dieser Zweck der In-

6 Näheres dazu in meinem Buch *Die Spirale der Mondknoten – sechs Wege zur Mitte*», Tübingen, 2004.

karnation ist ein ganz persönliches Anliegen und betrifft unsere seelische Weiterentwicklung.

Es gibt noch einen weiteren Zweck. Um sich hier in der Welt entwickeln zu können, braucht man die Möglichkeit der Inkarnation in einen Körper, das heißt, es müssen zwei Menschen bereit sein, ein Kind zu zeugen, zu bekommen und Eltern für es zu sein. Dann bedarf es spezieller auf den persönlichen Entwicklungsstand bezogener Bedingungen, ein Umfeld, in dem man die benötigten Erfahrungen auch machen kann. Dies wäre die konkrete, verkörperte Welt mit all ihren Erscheinungsformen und Möglichkeiten. Als Kind ist man davon abhängig, sie vorzufinden, ebenso jemanden, der für die körperliche Entwicklung sorgt; als Erwachsener ist man dann aufgefordert, selbst solche Bedingungen zu schaffen. Wenn man es allgemein formuliert, würde es heißen: Fürsorge und Verantwortung übernehmen für das konkrete Umfeld, in dem man lebt, für andere und in gewissem Sinn auch für das Kollektiv.

Jeder ist in seinem ganz individuellen Umfeld als ein weiterer Daseinszweck hier auf der Welt. Dies ist nun ein überpersönlicher Zweck und betrifft die Erhaltung der Art und des Lebens in seiner körperlichen Erscheinung.

Kommen wir zum dritten Zweck, den ich in einem Beispiel erläutern möchte: Sie sind in einer Krise und kommen irgendwie nicht weiter. Da treffen Sie eine alte Freundin, die Sie lange nicht gesehen haben und mit der Sie auch sonst nicht viel verbindet. Aber sie erzählt Ihnen, rein zufällig, eine eigene Erfahrung, die sie erst vor kurzem, sei es beispielsweise in einem Seminar, gemacht hat. Ohne dass sie es wusste, war es genau das, was Sie im Moment brauchten. Das war der Hinweis, nach dem Sie bisher vergeblich gesucht hatten. Vielleicht haben Sie auch schon ähnliche Erfahrungen gemacht, sei es in dieser beschriebenen Rollenverteilung oder aber auch, dass Sie für jemand anderen ein solcher Impuls sein konnten.

Wir alle brauchen unsere Mitmenschen als Helfer für unsere weitere Entwicklung, als Anregungen und Impulse von außen, eben als Polaritäten für das, was wir selbst noch nicht leben und was wir dadurch erfahren und integrieren lernen. Jeder Mensch hat durch seine Individualität etwas ganz Spezielles zu bieten, etwas, das irgendjemandem nutzt. Das Radixhoroskop bildet diese Einmaligkeit eines Menschen ab, und so kommt durch ihn etwas Neues, nie da Gewesenes in die Welt, das für andere einen Sinn und Zweck hat, ohne dass der Betroffene es womöglich selbst weiß.

Ich möchte diesen dritten Zweck des Daseins einmal «die Idee» jedes Einzelnen nennen, die durch ihn hier in die Welt kommt, damit er für andere ein Impulsgeber für ihren weiteren Weg sein kann. Auch dies ist eine überpersönliche Aufgabenstellung, und wenn wir uns weiterhin auf die Dreiteilung von Seele als erstem Zweck und Körper als zweitem Zweck beziehen, würde dies dem Geist als drittem Zweck entsprechen.

Wir haben nun also drei verschiedene Anliegen als Zweck des Daseins herausgearbeitet, wobei zwei überpersönlicher Natur sind und einer einen ganz persönlichen Sinn beinhaltet. Die Unterscheidung ist natürlich nur theoretisch, denn sie hängen alle miteinander zusammen und bedingen sich gegenseitig. Aber diese Dreiteilung in Körper, Seele und Geist ist uns sehr vertraut und ich möchte sie im Anschluss an die Darstellung des spirituellen Hintergrunds auf die drei progressiven Neumonde und ihre unterschiedliche Thematik übertragen, um so in jedem einen ganz besonderen Daseinszweck zu verdeutlichen.

Vorab jedoch noch ein Blick auf das Radixhoroskop bzw. auf den Tierkreis. Durch die zwei Achsen AC/DC und IC/MC wird der Kreis im Augenblick der Geburt in vier Teile, die sogenannten Quadranten, geteilt. Im ersten Quadranten des Tierkreises, mit dem Zeichen Widder beginnend, finden wir die körperliche Komponente, im zweiten, beginnend mit Krebs, die seelisch-emotionale, im dritten, analog der Waage, die Begegnung mit dem Du, und der vierte, entsprechend dem Steinbock, wird der überpersönlichen Entwicklung oder dem geistigen Bereich zugeordnet. Da es sich bei den Neumonden um ein spirituelles Thema handelt, wäre der vierte Quadrant, von der Analogie her, derjenige, der einen Bezug zu diesem geistig-transzendenten Thema hätte.

Im Tierkreis befinden sich hier die Zeichen Steinbock mit dem Herrscher Saturn, Wassermann mit Uranus als Repräsentanten und die Fische mit Neptun als deren Vertreter. Die Zeichen als auch die Herrscher lassen sich nun ebenfalls auf die Dreiteilung von Körper, Seele und Geist übertragen. Saturn entspricht dem konkreten körperlichen Anliegen, Uranus hat seine Entsprechung im geistigen Prinzip, und Neptun, der nach Verbindung aller Gegensätze und zur Einheit strebt, wäre der Wunsch nach Ganzheitlichkeit der Seele. Man hat also auch hier im vierten Quadranten eines Radixhoroskops, im geistig-spirituellen Bereich, die Dreiteilung von Körper, Seele und Geist als analoge Entsprechung.

Wenn man so will, dann werden auf einer höheren Ebene die drei anderen Quadranten wieder zusammengefasst: im ersten die Entsprechung der Körperlichkeit, im zweiten die seelisch-emotionalen Anliegen und im dritten die Begegnung mit anderen auf geistig-intellektueller Ebene.

Diese Betrachtungen waren eher abstrakter oder spirituell abgehobener Natur, aber wenn man den spirituellen Ansatz der Neumonde als Hintergrund mit in die Deutung einbeziehen will, ist es wichtig, die gewohnte Übersetzungsebene zu verlassen und es einmal, quasi von oben, aus dem prinzipiellen Bereich der geistigen Ideen heraus anzuschauen.

Diese drei Ebenen, diese drei Daseins-Anliegen, sind auf die drei progressiven Neumonde übertragbar. Dabei entspricht der Neumond vor der Geburt in diesem Modell der geistigen Idee, die durch jedes Individuum als etwas Einmaliges und Neues in die Welt kommt. Wir haben hier die Analogie zum Uranus, der immaterieller und überpersönlicher Natur ist. Ich nenne ihn deshalb den «spirituellen Neumond» und werde bei der Beschreibung der einzelnen Neumonde noch genauer darauf eingehen.

Der erste Neumond nach der Geburt findet sein Äquivalent im Körperlichen, dem Zweck der Fürsorge für das konkrete Leben, dem Saturn. Verena Bachmann nennt ihn den «Sippen- und Familien-Neumond», eine Rolle der Verantwortlichkeiten und Funktionen, die wir für ein näheres Umfeld übernommen haben.

Der zweite Neumond nach der Geburt symbolisiert hingegen das ganz persönliche Anliegen der seelischen Weiterentwicklung hin zur Ganzheit und entspricht somit dem Neptun. Ich nenne ihn deshalb den «individuellen Neumond», da es hier nicht mehr um überpersönliche Belange, sondern um den ganz individuellen Wunsch und Daseinszweck eines jeden geht.

Nach meiner Erfahrung bleibt der Neumond vor der Geburt als spirituelle Idee das ganze Leben wirksam, als zusätzliche Energie zum Radixhoroskop . Er folgt zwar auch einem Zyklus, hat jedoch seinen Anfang vor unserer Geburt und sein Ende erst mit unserem körperlichen Ableben.

Ganz anders der erste Neumond nach der Geburt, der zwischen dem ersten und 30. Lebensjahr beginnen kann und eine Dauer von 28 Jahren hat, mit den vorher genannten Wendepunkten. Er endet also zwischen dem 28. und 58. Lebensjahr. Die Phase zwischen seinem Ende und dem Beginn des zweiten Neumondes nach der Geburt ist eine besondere und wird deshalb im entsprechenden Teil dieses Buches genauer erläutert. Spätestens im Alter von 60 Jahren beginnt die Phase des individuellen Anliegens.

Nun ist es denkbar, dass ein Mensch noch einen weiteren Neumond, den dritten nach seiner Geburt erlebt. Da ich bisher jedoch wenig Erfahrung damit machen konnte – ich kenne einfach zu wenig Menschen, die ihn erleben –, werde ich mich im Schlussteil lediglich einigen bisherigen Denkansätzen darüber widmen.

Für die spirituelle Anwendung der Neumonde liefert jedes der drei Horoskope eine Hintergrundinformation über den jeweiligen Zweck des Daseins.

Dazu mehr in den entsprechenden Abschnitten.

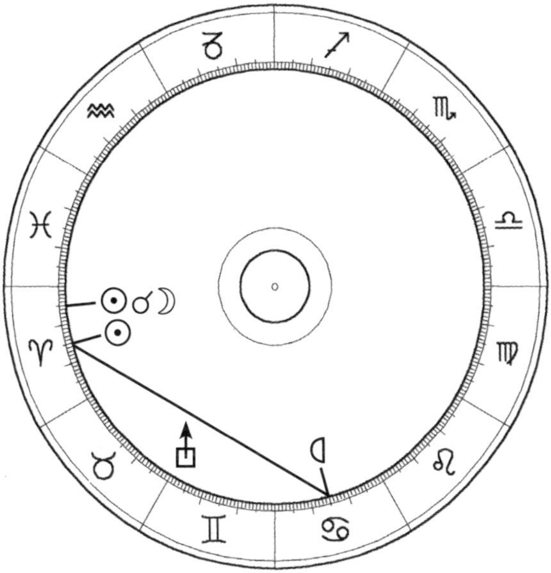

Abb. 11: Der Neumond sieben Tage vor der Geburt

Radix-bezogener Ansatz

Wie oben ausführlich dargestellt, empfängt jeder Mensch vor seiner Geburt durch den Neumond eine Idee, die er auf die spezielle Art seinem Radixhoroskop, und zwar bezogen auf das Verhältnis von Sonne, Mond und den Zykluspunkt bei der Geburt, umsetzen soll.

Wenn dieser Neumond vor der Geburt im Zeichen vor dem der Radix-Sonne stattfand, fühlt es sich oft ähnlich an wie: «Zwei Seelen, ach in meiner Brust». Der Neumond vor der Geburt legt sich wie eine weitere Schwingungsenergie um die Qualität der Radix-Sonne und gibt ihr eine zusätzliche Färbung. Bei dem in der Einleitung erwähnten Klienten war dies der Fall, sodass er noch etwas anderes in sich spürte, was mit dem Geburtshoroskop und den Anlagen dort nicht zu erklären war, eben den Neumond vor der Geburt.

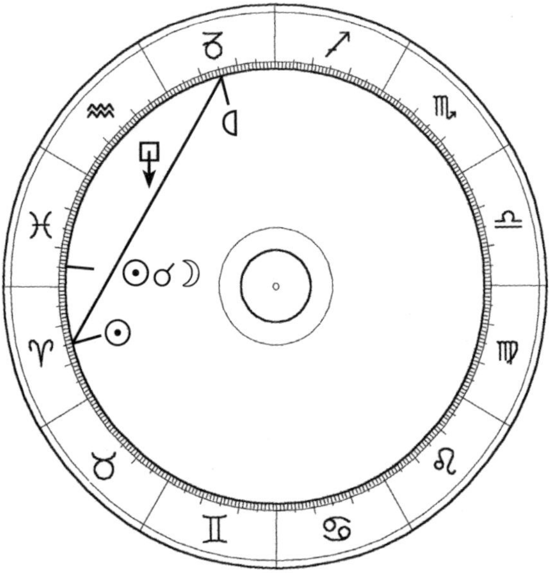

Abb. 12: Neumond 21 Tage vor der Geburt

Am besten lässt sich das in einem Beispiel verdeutlichen: Ein Mensch wird geboren mit einer Radix-Sonne auf 15° Widder im aufsteigenden Zyklusquadrat und dem Mond auf 15° Krebs. Bei dieser Geburtsstellung war etwa sieben Tage vor seiner Geburt ein Neumond am Himmel. (Von Neumond bis zum Quadratpunkt benötigt der laufende Mond etwa sieben Tage.) Da sich die Sonne etwa 1° pro Tag im Tierkreis vorwärtsbewegt, stand sie also zum Neumond-Zeitpunkt 7° weiter hinten, also auf ungefähr 8° Widder. Da sich nun sowohl die Radix-Sonne als auch der Neumond im Zeichen Widder befinden, wird diesem Menschen die Widder-Qualität sehr vertraut sein. Er empfindet nicht die Diskrepanz der zwei Seelen auf dem Hintergrund der unterschiedlichen Zeichen von Neumond und Radix-Sonne.

Anders ist es bei einem Menschen, der auch mit einer Widder-Sonne auf 15° geboren ist, allerdings im absteigenden Zyklus mit dem Mond auf 15° Steinbock. In diesem Fall war etwa 21 Tage vor der Geburt Neumond am Himmel (von Neumond bis zum absteigenden Quadrat benötigt der laufende Mond ungefähr 21 Tage), die Sonne stand demnach 21° weiter hinten im Tierkreis, auf etwa 24° Fische. Die Widder-Qualität dieser Sonne bekommt durch den Neumond also eine andere Färbung, als ob ein Neptun-Schleier sie sanft umhüllt. Wenn dies bei einer Geburtshoroskop-Deutung nicht bekannt ist, vernachlässigt man womöglich eine wesentliche Eigenart des Klienten und dieser wird sich nicht treffend beschrieben oder verstanden finden.

Der Geburtszykluspunkt von Sonne und Mond betont bei beiden zusätzlich den Unterschied. Im ersten Beispiel aufsteigend und nach außen drängend, im zweiten Beispiel absteigend und nach innen gewendet.

Zyklisch und Phasen-bezogener Ansatz

Die Neumonde in ihren unterschiedlichen Themenstellungen entfalten sich zyklisch. Von daher ist es beispielsweise bei der Erstellung eines Jahrestrends zum einen wichtig zu wissen, in welchem der beiden nachgeburtlichen Neumonde sich der Betreffende befindet, und zum anderen, in welchem Zyklusabschnitt. In der Themenstellung, die den Klienten beschäftigt, macht es einen großen Unterschied, ob es um die Erfüllung der Rolle im Familien- und Sippenverband (erster Neumond nach der Geburt) geht oder ob er sich bereits im individuellen Neumond (zweiter Neumond nach der Geburt) befindet, wo es ganz speziell um ihn und seine eigenen Entwicklungsthemen geht.

Im Zyklus sind die Eckpunkte im Erleben der Betreffenden meistens besonders markant. Für eine Beratung ist es deshalb von entscheidender Bedeutung, ob es sich bei der Neumond-Phase, in der sich der Klient befindet, zum Beispiel um ein aufsteigendes oder ein absteigendes Quadrat handelt. Im ersten

Fall drängt etwas nach außen in die Realisierung, das vor etwa sieben Jahren begann, im zweiten Fall geht es darum, die letzten 21 Jahre mit den jeweiligen Eckpunkten anzuschauen und eine Bilanz zu ziehen.

Eine große Anzahl meiner Klienten kommen in der Übergangsphase zwischen dem ersten und dem zweiten Neumond nach der Geburt, der sogenannten Dunkelmond-Phase, zu mir in die Beratung. Auch in unseren Ausbildungsklassen ist zu beobachten, dass sich gerade in diesen Zeiten viele Student/-Innen neu orientieren wollen und sich auf die Suche begeben nach sich selbst oder einem neuen Beruf. Bei manchen von ihnen fühlen sich diese Jahre an wie ein Pluto-Transit, den der Berater dann vielleicht vergeblich sucht, dies ist wie ein dunkles «Tunnel-Gefühl». Andere hingegen erleben es ähnlich wie eine Uranus-Auslösung, die dann vielleicht auch nicht im Radixhoroskop oder als Transit zu finden ist; endlich ist das Alte vorbei und sie empfinden eine Aufbruchstimmung.

Die Neumond-Horoskope bei Prognosen oder auch Metagnosen außer Acht zu lassen, hieße, auf wichtige Informationen zu verzichten, die dem Klienten viel Hintergrundinformationen liefern und zur Klärung seiner Thematik verhelfen können.

Der Neumond vor der Geburt

Der spirituelle Neumond oder die «Hintergrundmusik» des Radixhoroskops

Die Samenlegung dieser Neumond-Idee, die Verschmelzung der beiden Lichter, findet statt, wenn sich das Kind noch im Bauch der Mutter befindet. Er ist noch kein getrenntes eigenständiges Wesen, nicht in der Welt der Polarität, sondern noch mit der Mutter verbunden, wenn auch nur durch die Nabelschnur, er ist noch eins mit allem.

Als Bild dieses Zustandes drängen sich dazu das Zeichen Fische auf oder das 12. Haus. Hier ist die Seele offen zu empfangen, sich hinzugeben an eine Aufgabe, sie ist bereit zu erfüllen, was von einer höheren Dimension erwartet wird. Das Kind im Bauch steht kurz vor der Geburt, es sind nur noch wenige Tage (maximal 30), bis es das Licht der Welt erblickt, und es ist vielleicht auf der seelischen Ebene ähnlich offen und bereit, die Idee für seinen Daseinszweck, seine spirituelle Aufgabe, auch für andere etwas zu sein, zu erfüllen.

Man kann Parallelen in unserer natürlichen Umgebung beobachten. In jedem Monat findet in einem Zeichen ein Neumond am Himmel statt, die Natur empfängt die jeweilige Zeichen-Idee und realisiert sie in den folgenden 28 Tagen. Der Neumond im Zeichen Widder enthält die Idee des Aufbruchs in der Natur, den Neuanfang von einem Wachstumszyklus. So brechen in dieser Zeit die Pflanzen durch die Erde und in den nächsten Wochen beginnt alles zu grünen. So wie die Pflanzenwelt diesem Auftrag in vollem Einklang folgt, ist auch das Kind im Mutterleib noch ungetrennt bzw. in der Einheit und damit unbewusst, wenn es den spirituellen Auftrag empfängt. Mit der Aufgabe, für andere ein Impuls zur Entwicklung zu sein, bekommt es besondere Gaben, die aber tief in seiner Seelenschale ruhen und in speziellen Situationen abgerufen werden, ohne dass der Mensch es nach seiner Geburt, zumindest anfangs, absichtsvoll steuern kann.

Das könnte der Hintergrund sein, warum einige Astrologen diesen vorgeburtlichen Neumond den «karmischen Neumond» nennen. Es wäre denkbar, dass mit dieser Idee Gaben empfangen werden, die sich der Betreffende in vorigen Leben erarbeitet hat, sodass er besonders befähigt ist, hiermit überpersönliche Aufgaben zu übernehmen. Aber vieles ist denk-, jedoch nicht nachweisbar, und so bleibt es Spekulation, von diesem vorgeburtlichen Neumond auf vergangene konkrete Leben zu schließen.

Wenn Eltern ein Geburtshoroskop erstellen lassen, so finden sie hierin die Talente und Anlagen ihres Kindes. Das ist das Potenzial, das zur Persönlichkeit ihres Kindes gehört und das sich im Laufe des Lebens entwickeln will. Der Neumond vor der Geburt, die empfangene spirituelle Idee, umgibt nun diese Persönlichkeit wie eine zusätzliche Energie, eine Art Schwingungswolke, Aura, oder Musik im Hintergrund. Oft nehmen die anderen zuerst diese Schwingung wahr, bevor sie die bewussten Persönlichkeitsanteile bei näherem Kennenlernen entdecken.

Der AC wird gern als Persona übersetzt, als das, wie der Mensch im Außen beim ersten Eindruck erscheint. Doch häufig kann man beobachten, dass sich dieser erste Eindruck weitaus besser in der Symbolik des Neumondes vor der Geburt mit seinem AC wieder finden lässt. Durch diese, dem Betreffenden aber nicht bewusste, Schwingungsenergie erscheint er nun den anderen, als ob er so wäre. Sie trauen ihm deshalb manchmal Dinge zu, erwarten etwas von ihm, wovon er irritiert ist, sich womöglich falsch eingeschätzt vorkommt oder es nicht glauben kann. Diese Energie wirkt manchmal sogar wie ein Magnet und zieht die Menschen an, die genau das erwarten oder im Moment brauchen, ohne dass der Mensch dies absichtsvoll sucht. Deshalb kommt er dann manchmal in Situationen, in denen er, ohne dass er es weiß, genau diese Erwartung erfüllt.

Im zweiten Kapitel ging es um den Zweck unseres Daseins, genauer gesagt, um drei verschiedene Formen davon. Und wie bereits erwähnt, symbolisiert der Neumond vor der Geburt den Zweck, für andere ein Impuls zu ihrer Weiterentwicklung zu sein, auf welche Art auch immer. Die astrologische Planeten-Analogie war Uranus, der Herrscher im Wassermann. Dieses Zeichen charakterisiert auch eine höhere Schwingungsfrequenz, setzt Planeten, die hier stehen, unter Strom und hebt sie über die konkrete Realität hinaus. Auch Uranus selbst ist ein Planet mit einem nach vorne in die Zukunft gerichteten Entwicklungsanspruch. Er wird nicht umsonst der Revolutionär in uns genannt, der mit einem überpersönlichen humanitären Anspruch die Gesellschaft vorwärtsbringen will. Bei dieser Beschreibung ist allerdings wichtig, es weder positiv noch negativ bewertet zu sehen, denn es geht um eine Idee und nicht um deren konkrete Realisierungsmöglichkeiten.

Im 11. Haus, dem Lebensbereich, der dem Uranus zugeordnet ist, spricht man von Gruppen und Wahlverwandtschaften. Das meint die Menschen, mit denen man, im Gegensatz zu den Blutsverwandten, freiwillig zusammen ist, da man gemeinsame Interessen hat. Hier findet man deshalb auch die Freizeit, in der sich all das tun lässt, an dem man Spaß hat, oder auch das, was den eigentlichen Interessen und Talenten entspricht, was man aber im Brotberuf oft nicht ausüben kann. Dem Wassermann wird auch Teamgeist, im Gegensatz zu strenger hierarchischer Struktur, als Entsprechung zugeordnet.

Wenn man die Häuser 5 (Sonne) und 11 (Uranus) als Achse betrachtet, passt folgende Übersetzung: Ich, als ein besonderes Geschenk für andere. Dieser Satz entspricht ebenso dem Neumond vor der Geburt. Jeder Mensch hat eine Idee empfangen und er erfüllt damit eine Aufgabe, er schenkt der Welt die erhaltenen Gaben. Um gestalterisch mitzuwirken ist es jedoch wichtig, sie zu kennen und als überpersönliche Aufgabe anzunehmen.

Der Neumond vor der Geburt als spirituelle Idee in den Zeichen

Es ist sinnvoll, die verschiedenen Qualitäten der Tierkreiszeichen, in denen sich der Neumond befindet, ganz wertneutral zu übersetzen, ist es doch die abstrakte Idee, eine geistige Dimension, die mitschwingt und keine konkrete Entsprechung. Bei diesen Beschreibungen geht es auch nicht darum, wie der Betreffende sich damit fühlt, sondern welche Art von Schwingungsenergie durch ihn – wenn auch unbewusst – in die Welt kommen will.

Der AC im Neumond-Horoskop hat oft eine ähnliche Außenwirkung. Da AC und Neumond in den meisten Fällen in verschiedenen Zeichen stehen, müssen wir für die Deutung und das Verständnis der Idee eines speziellen Menschen beide kombinieren.

Da der Neumond vor der Geburt das spirituelle Geschenk des Betreffenden an die Welt ist, beziehen sich die «Geschenke» natürlich immer auf die Umwelt, nicht auf den Horoskopeigner selbst.

Neumond vor der Geburt oder AC im Widder

Mit dieser Idee ist der Betreffende aufgefordert, andere Menschen zu initiieren, mutig ihr eigenes Leben anzupacken. Diese Energie kommt ihnen vielleicht in Situationen zugute, in denen sie Entscheidungsschwierigkeiten haben. Der Impuls durch die Begegnung mit der Widder-Schwingungsenergie verhilft ihnen, klar zu sehen, was sie wollen und in die Handlung zu gehen. Dieser Neumond wirkt oft wie der berühmte «Tritt in den Allerwertesten». Den Betreffenden umgibt eine Art Energiewolke von Aktivität, Direktheit und auch positiverer Lebenseinstellung. Die Hintergrundmusik erscheint wie ein sprudelnder Gebirgsbach, klar, rein, noch nicht erwärmt oder getrübt von der Umwelt, voll sprühender Lebenslust, eben wie der junge Morgen oder wie ein frischer Frühlingswind.

Das Geschenk dieser Idee ist: Beginne dein Leben.

Neumond vor der Geburt oder AC im Stier

Hier wirkt die zusätzliche Schwingung wie eine satte grüne Wiese, die Sonne scheint warm, die Fliegen summen und alles drum herum hält eine gemütliche Siesta. Menschen mit diesem Neumond können ihr Umfeld «runterholen» vom Energielevel unserer hektischen Zeit. Sie wirken in sich ruhend und können so diese Energie übertragen. Man hat den Eindruck, als ob sie immer wüssten, was gut und was nicht gut ist. Ihr Impuls übt auch einen klärenden Einfluss im Hinblick darauf aus, dass das Gegenüber sich besinnen kann auf das, was ihm wirklich wichtig ist. Er kann ruhiger überlegen, steht nicht unter Aktionszwang und hat am Ende der Begegnung vielleicht das Gefühl: «So schlimm ist es ja gar nicht, es gibt doch neben all der Probleme auch noch Schönes in meinem Leben.»

Das Geschenk dieser Idee ist: Genieße dein Leben.

Neumond vor der Geburt oder AC in den Zwillingen

Wenn man den Neumond als Aura mit einer Farbe beschreiben will, wäre es hier ein leichtes Zitronengelb, das belebt wie frische Vitamine. Menschen mit diesem Neumond können ihrer Umgebung Leichtigkeit schenken. Vielleicht zaubern sie ein Lächeln auf das Gesicht ihres Gegenübers, wecken Neugier in Bezug auf ein Buch, regen an, zu erzählen und sich auszutauschen. Ihre Worte sind wie ein Impuls, die Dinge doch auch mal von einer anderen Seite zu betrachten. Sie wirken oft wie auf der «Durchreise» und man sollte von ihnen keine stundenlangen tiefen Gespräche erwarten. Hier liegt «in der Kürze die Würze», aber dabei treffen sie oft mit dem Gesagten den Kern.

Das Geschenk dieser Idee ist: Sei offen für das Leben mit seinen vielen Möglichkeiten.

Neumond vor der Geburt oder AC im Krebs

Menschen mit diesem Neumond können ihr Gegenüber seelisch öffnen und fördern so das Gefühl von Angenommensein. Es scheint, als ob sie nicht ganz erwachsen geworden sind, immer noch irgendwo im Kinderland verweilen mit ihrer staunenden Offenheit. Sie schauen ihr Gegenüber an wie Kinder schauen: offen, direkt, mit ihrer Seele in den Augen. Sie wirken ganz da, ganz nah, Zeit und Raum zerfließen. Sie können bei ihrem Gegenüber sowohl mütterliche als auch kindliche Instinkte aktivieren, sodass man sich entweder veranlasst sieht, sich um das hilflose Wesen zu kümmern, oder man wird selbst bedürftig und gesteht sich zu, Hilfe anzunehmen. Man hat vielleicht keine Scheu mehr, den anderen in den Arm zu nehmen oder sich selbst in den Arm nehmen zu lassen.

Das Geschenk dieser Idee ist: Folge deinen Gefühlen.

Neumond vor der Geburt oder AC im Löwen

Diese Menschen strahlen Herzlichkeit und eine spontane Freude aus. Auch wenn sie es nicht bewusst beabsichtigen, ziehen sie die Aufmerksamkeit auf sich, um sie dann allerdings gleichzeitig den anderen zu widmen. Im Kontakt mit ihnen hat man das Gefühl, wichtig zu sein, ihre Freude über die Begegnung oder das Gespräch erscheint echt. Es ist, als ob sie ein Licht anzünden würden im Inneren ihres Gegenübers. Es ist ein gutes Gefühl, so viel Aufmerksamkeit zu bekommen und man ist bereit, sein Herz zu öffnen. Für sie mag es dann allerdings manchmal erstaunlich sein, wie viele «Egoisten» es doch in ihrem Umfeld gibt.

Das Geschenk dieser Idee ist: Du bist wichtig, freu dich an dir.

Neumond vor der Geburt oder AC in der Jungfrau

Hier erscheint der Betroffene zu Anfang etwas unsicher und schüchtern, vielleicht macht er auch den Eindruck, lieber unauffällig bleiben zu wollen. Bei näherem Kontakt merkt man jedoch bald die Anteilnahme und das Verständnis für die eigenen Probleme. Sie erscheinen auf vielen Lebensgebieten durch eigene Erfahrung kompetent, haben praktische Hilfsangebote, ohne von oben herab als Besserwisser zu wirken. Sie können gut zuhören und bewirken durch ihre direkten, zielgerichteten, aber auch einfühlsamen Fragen, dass man selbst zu Erkenntnissen gelangt, die oft im Nachhinein Wendepunkte bedeuten. Sie haben häufig die Wirkung eines guten Therapeuten, der den Klienten zu eigenen Ideen motiviert, und können so die Selbstheilungskräfte bei ihrem Gegenüber aktivieren.

Das Geschenk dieser Idee ist: Nutze deine eigenen inneren Kräfte.

Neumond vor der Geburt oder AC in der Waage

Bei diesem Neumond geht es um die Fähigkeit, Verbindungen und Kontakte herzustellen, eine Atmosphäre zu schaffen, in der Gemeinsamkeit entstehen kann. Die Begegnung mit Menschen mit diesem Neumond vor der Geburt führt auch in einer völlig fremden Umgebung dazu, dass man sich nicht mehr allein fühlt, man hat einen Freund/eine Freundin und ist selbst einer/eine. Oft bleiben sie im Hintergrund, ziehen aber von hier die Fäden, um Menschen zusammenzubringen. Manchmal führt diese Funktion dann dazu, dass alle um sie herum in Kontakt stehen oder Beziehungen haben, sie selbst aber alleine sind. Diese Menschen hält man für kompetent in allen zwischenmenschlichen Belangen und erhofft sich so von ihnen eine Bereicherung auf diesem Gebiet, und wenn man mal alleine ist, genügt ein Anruf und sie holen einen wieder in die Welt der Mitmenschen zurück.

Das Geschenk dieser Idee ist: Du bist nicht allein, sondern Du hast einen guten Freund/eine gute Freundin.

Neumond vor der Geburt oder AC im Skorpion

Dieser Neumond verleiht dem Betroffenen ein charismatisches Energiefeld. Auf manche Mitmenschen wirkt das bedrohlich und machtvoll und sie gehen in eine Abwehrhaltung, als ob sie einen Angriff erwarten müssten. Wenn nicht auch die Radix-Sonne im Skorpion steht, ist man sich oft dieser Ausstrahlung nicht bewusst und wundert sich, warum man angegriffen wird, obwohl man seiner Meinung nach sehr zurückhaltend ist. Andere hingegen können sich fasziniert angezogen fühlen von dieser intensiven Ausstrahlung und offenbaren einem ihre tiefsten Geheimnisse, ohne zu wissen wieso. Begegnungen mit dieser Schwingungsenergie, die einen Prozess im eigenen Inneren in Gang setzt, hinterlassen häufig tiefe Spuren. Diese Person wird oft für stark und krisenfest gehalten und andere merken im Kontakt mit ihr auch die eigene Kraft und Stärke, meistens in der Intensität der Gefühle.

Das Geschenk dieser Idee ist: Du hast die Kraft, dein Leben wahrhaftig und intensiv zu leben.

Neumond vor der Geburt oder AC im Schützen

Diese Hintergrundmusik verleiht den Betroffenen, auch bei einer Steinbock-Sonne im Radixhoroskop, ein mitreißendes und feuriges Energiefeld. Eine Begegnung mit ihnen wirkt aufbauend, motivierend und begeisternd. Diese Menschen wirken oft so, als ob sie bei allen Schwierigkeiten das Licht am Horizont schon sehen und den eigenen Blick darauf lenken können. Durch ihre begeisternden Worte bekommt selbst die herbste Enttäuschung noch einen Sinn. Sie können in einem den Glauben an die Menschheit, an das Leben und an sich selbst wieder erwecken. Plötzlich beschäftigt man sich wieder mit der Zukunft, entwickelt Pläne und neue Ziele und stellt die «Abers» hinten an.

Das Geschenk dieser Idee ist: Hinter dem Horizont geht's weiter, glaub an dich.

Neumond vor der Geburt oder der AC im Steinbock

Dieses Energiefeld verschafft den Betroffenen eine ruhige, klare und etwas ernsthafte Ausstrahlung. Trotz möglicher Wassermann-Sonne im Geburtshoroskop wirken sie realistisch und zuverlässig, und das führt häufig dazu, dass man ihnen selbstverständlich Verantwortlichkeiten übergibt oder glaubt, sie wären stark genug, noch mehr Pflichten zu übernehmen. Sie wirken beständig, manchmal etwas streng oder emotional verschlossen und häufig wie ein Fels in der Brandung, an den man sich getrost anlehnen kann. In der Begegnung mit ihnen passiert es dann allerdings auch, dass man sich an seine eigene Verantwortung erinnert fühlt und die «Schuld» nicht mehr auf andere abwälzen kann. Irgendwie will es nicht so recht klappen mit der «Ich-armes-Opfer»-Rolle, denn die Betroffenen fordern, ob bewusst oder unbewusst, eine erwachsene Haltung dem eigenen Schicksal gegenüber. Das kann einem streng und kalt vorkommen, bewirkt aber oft, dass man in seinem Leben mehr Klarheit schafft.

Das Geschenk dieser Idee ist: Gestalte dein Leben eigenverantwortlich.

Neumond vor der Geburt oder AC im Wassermann

Menschen mit dieser Hintergrundmusik wirken auf andere oft etwas «ver-rückt», so, als ob sie nicht in ihr Umfeld passen, oder womöglich, als ob sie sich für etwas Besonderes hielten. Auch wenn sie sich sehr zurücknehmen, ist es, als ob ein frischer Wind, womöglich auch ein Wirbelwind, ins Zimmer kommt, sobald sie auftauchen. Sie können mit ihrem Potenzial auch ihr Umfeld elektrisieren, sodass eine kreative Spannung entsteht. In der Begegnung mit ihnen getraut man sich plötzlich, etwas Neues zu wagen, zu experimentieren oder kann über sich selbst lachen. Man fühlt sich inspiriert zu ungewöhnlichen Ideen, ist energetisch aufgeladen, wie «wach geklingelt» und freut sich an seiner neu entdeckten Andersartigkeit. Diese Menschen bewirken häufig, dass die Angst wie weggeblasen und das Leben plötzlich leichter ist. Auf einmal getraut man sich auch selbst zu «ver-rücken», das heißt abzurücken von der täglichen Routine und von der Norm, in die man sich hat pressen lassen, und man entdeckt ganz neue Fähigkeiten an sich, die sogar mehr Spaß machen.

Das Geschenk dieser Idee ist: Wach auf und entdecke deine Einmaligkeit.

Neumond vor der Geburt oder AC in den Fischen

Diese Schwingung bewirkt häufig, dass der Betroffene wie hinter einer Nebelwand verschwindet oder zumindest nicht klar zu erkennen ist. Das kann dann in der Folge dazu führen, dass er von der Umwelt oft nicht wahrgenommen wird oder auch, dass er sich an die jeweiligen Erwartungen anpassen kann, oder die Umgebung meint, er wäre so, wie sie es gerade wollen. In der Begegnung mit ihnen kann man selbst mit hineintauchen in die Welt der Seele, des Numinosen oder der Fantasie. Manchmal hat man das Gefühl, einem Engel, einem Wesen aus einer anderen Welt, begegnet zu sein, der etwas gesagt oder getan hat, was einen zutiefst berührt und wovon man weiß, das ist die Wahrheit, nach der man so lange gesucht hat. Oder es erscheint einem ein Bild, eine Ahnung, vielleicht auch in der folgenden Nacht ein Traum mit der entsprechenden Botschaft. Menschen mit diesem Neumond können, auch ohne dass sie es wissen, die Seelen ihres Gegenüber weit öffnen und ihnen dadurch verhelfen, einen Zugang zu ihren Sehnsüchten und Träumen zu finden. Sie bewirken häufig auch das Gefühl, geführt zu werden, und lassen damit im anderen ein tiefes Vertrauen ins Leben entstehen. Oder sie vermitteln einem gerade in dem Moment, wo man dringend Hilfe braucht, da zu sein, um einem mit der benötigten Botschaft zu begegnen. Ihnen selbst ist es meistens völlig unklar, was sie gesagt oder getan haben.

Das Geschenk dieser Idee ist: Vertraue und lass dich führen.

Der Neumond vor der Geburt in Verbindung mit der Radixdeutung

Der Neumond vor der Geburt als Hintergrundinformation für die Radixdeutung

Es ist sinnvoll, bei einer Radixdeutung immer den Neumond vor der Geburt mit einzubeziehen, gibt dieses Horoskop doch Auskunft über zusätzliche Fähigkeiten, die der Betreffende nutzen kann und soll. Es wurde bereits ausgeführt, wie wichtig es ist, die zusätzliche Energie, die Hintergrundmusik des Neumond-Horoskops zu kennen, um eine sichere Deutung zu geben.

Auch die Elementeverteilung der Planeten in den Zeichen als Beschreibung der Anlage in beiden Horoskopen ist es wert, analysiert zu werden.

Meine Punkteauswertung für die Elemente in den Zeichen und damit der Anlage ist folgendermaßen:

Sonne, Mond und AC = 10 Punkte
Merkur, Venus und Mars = 8 Punkte
Jupiter und Saturn = 6 Punkte

Die Transsaturnier Chiron, Uranus, Neptun und Pluto werden wegen ihrer langen Verweildauer in den Zeichen nicht berücksichtigt. Ich beziehe in diese Auswertung auch nicht die Mondknoten oder das MC mit ein.

Ist jemand im Radixhoroskop erdbetont, kann durch den Neumond vor der Geburt ein anderes Element hervorgehoben sein, das der Betreffende zwar in sich spürt oder das andere an ihm erleben, das man im Geburtshoroskop aber nicht findet. Auch dabei erklärt das Neumond-Horoskop die Diskrepanz in der Selbst- oder Fremdwahrnehmung.

Hier in dieser Inkarnation hat man keine anderen Mittel zur Verfügung als die Planeten usw. im Geburtshoroskop. Sie sind die Werkzeuge, mit denen man, egal welches Thema man auch angehen will, wirken und gestalten kann. Im Neumond-Horoskop hingegen sind die Planeten keine Wesenskräfte, die wir-

Neumond vor der Geburt	Radix
Musikstück	Instrument
Idee	Werkzeug
Nachname	Vorname
Kollektiv	Individuell

kend gestalten, sondern spirituelle Themen oder Ideen, die nur mithilfe des Geburtshoroskops umgesetzt werden können.

So ist es wichtig, die Neumond-Horoskope in Kombination mit dem Radixhoroskop zu sehen. Ernst Ott hat dies einmal sehr schön beschrieben: Die Neumond-Horoskope sind die Familiennamen, das heißt, wir haben mit vielen ein gemeinsames Thema übernommen, aber das Radixhoroskop ist der Vorname, der nun den Ausschlag gibt, wie es gestaltet wird, wie es der Betreffende auf seine ganz individuelle Art umsetzt. Man konnte schon am Zykluspunkt zwischen Sonne und Mond bei der Geburt sehen, dass jeder damit eine spezielle Art hat, das Thema des empfangenen Neumondes vor der Geburt in die Welt zu tragen.

Wenn man sich auf die Sonne und den AC beschränkt, bedeutet die Kombination vom Neumond-Horoskop mit dem Radix: auf die Art der Radix-Sonne oder mithilfe dieser Zeichen- und Hausqualität das Thema des Neumondes umsetzen. Gleiches gilt für die beiden Aszendenten.

Der Neumond vor der Geburt im gleichen Zeichen wie die Radix-Sonne

Hat ein Mensch den Neumond vor der Geburt im selben Zeichen wie die Radix-Sonne, wird ihm diese Sonnenzeichen-Qualität sehr vertraut sein, sie wird sogar oftmals dadurch verstärkt. Daher besteht eher die Gefahr eines Zuviel der gleichen bekannten Energie. Für diese Menschen ändert sich die Selbstwahrnehmung dann mit dem ersten Neumond nach der Geburt, der im darauffolgenden Zeichen sein wird.

Wenn man das Neumond-Horoskop als Hintergrundinformation für die Radixdeutung nutzt, gilt es nun, den AC des Neumond-Horoskops, die Häuserstellung des Neumondes und eventuelle dominant auf den Achsen stehende Planeten als zusätzliche, andere Schwingung zu betrachten und in die Deutung mit einzubeziehen. Diese Faktoren können als Diskrepanz zwischen der Wirkung nach außen und dem eigenen Erleben empfunden werden.

Im Neumond-Horoskop sollte man die Aspekte zum Neumond nur am Rande mit einbeziehen, da sonst die Fülle an zusätzlichen Informationen zu groß wäre.

Die Kombination der beiden Horoskope würde lauten: auf Radix-Art die Idee des Neumondes umzusetzen.

Am Beispiel von Gerhard Schröder kann man diese Vorgehensweise gut verfolgen.

Im Geburtshoroskop sehen wir einen Skorpion-AC und eine Widder-Sonne im 6. Haus. Dieser zähe, kämpferische Anspruch, machtvoll gestalten zu wollen, wird im Neumond vor der Geburt noch deutlicher. Das betonte Element hier im Radixhoroskop ist Wasser mit 26 Punkten, gefolgt von Feuer und Luft mit jeweils 16 und Erde mit 8 Punkten.

Alle Zeitangaben für die Neumond-Horoskope sind in GMT (Greenwich Mean Time) angegeben.

Im Neumond-Horoskop hat Feuer 44 Punkte, Luft 14, Wasser nur noch 8 Punkte und Erde bekommt gar keinen Punkt. Hier findet man auch den Widder-Neumond vor der Geburt, der die Radix-Sonne in ihrer kämpferischen Energie unterstützt, direkt auf dem MC in Opposition zu Neptun am IC. Sein Kämpfen galt wohl einer sozial-gerechten Gesellschaft. Der Führungsanspruch ließe sich im Löwe-AC finden und ist in seinen öffentlichen Auftritten spürbar gewesen.

Im Radixhoroskop befindet sich der Mond in der Waage kurz vor der Opposition zur Sonne (bei einem Orbis von 10° für die beiden Lichter hat er diesen Aspekt gerade erreicht.)

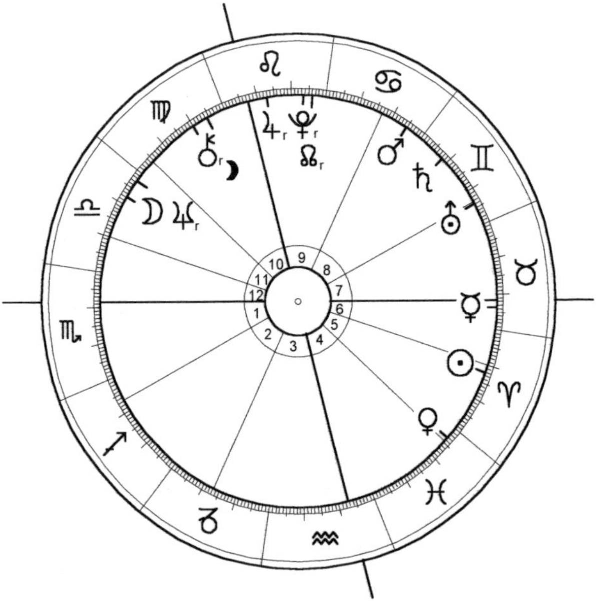

Abb. 13: Gerhard Schröder, Radix, 7.4.1944; 22.00 Uhr, Blomberg (Lippe)

Wenn man jedoch vom Zykluspunkt bei der Geburt ausgeht – hier zählt als Ausgangspunkt die Neumond-Stellung –, ist Gerhard Schröder bei Vollmond geboren. Der Neumond steht auf 3° 42‘ 42“ und der Radix-Mond hat diese Stelle gerade überschritten (7° 53‘). Bei dieser Zyklus-Stellung drängt es den Betreffenden die empfangene Idee zur Vollendung zu bringen, das Innere möchte sich ganz im Außen ausdrücken. Möglicherweise hat er auch manchmal eine Zerrissenheit, einen Zwiespalt erlebt zwischen seinen sozialen Idealen (Neptun) und dem „sich rücksichtslos nach oben kämpfen müssen“.

In der Radixhoroskop-Deutung beschränke ich mich zuerst einmal auf Sonne in Haus, Zeichen und AC. Einige ausgewählte Übersetzungen für Gerhard Schröders Radix-Sonne könnten sein:

Auf kämpferische und mutige Art und Weise pionierhaft

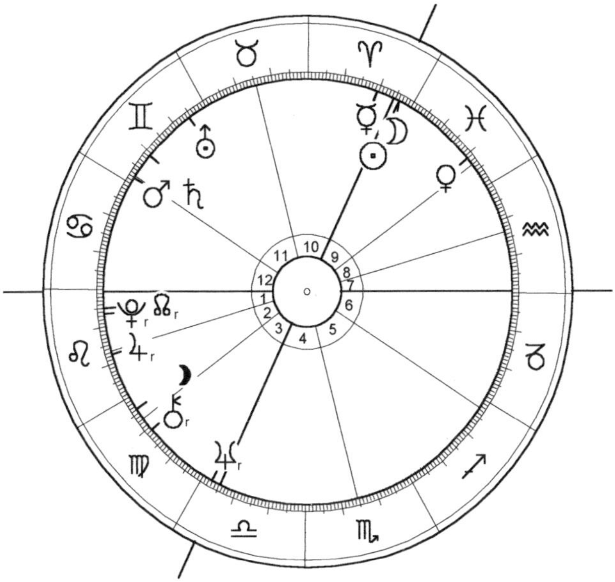

Abb. 14: Gerhard Schröder, Neumond vor der Geburt, 24.3.1944, 11:36:02

Neues initiieren (Widder); mit der Stellung im 6. Haus (wenn man Chiron als Herrscher der Jungfrau und des 6. Hauses benutzt) hat er womöglich den Anspruch an sich, einer Aufgabe, die ihm gestellt wird, mit aller Kraft zu dienen. Er könnte sehr selbstkritisch mit sich umgehen und leicht verletzbar sein bei negativer Bewertung von außen. Allerdings würde es vielleicht der Skorpion-AC nicht zulassen, diese weiche und sensible Seite nach außen zu zeigen, trotz Wasser-Betonung im Horoskop. Dieser AC könnte ihm auch Ausdauer und Zähigkeit im Kampf um eine Machtstellung gegeben haben, die der spontanen Widder-Sonne eventuell fehlt.

Zusätzlich müssen natürlich bei der Deutung auch die Aspekte mit herangezogen werden, was ich in Kurzfassung hier anschließe: Das Trigon zu Jupiter beschreibt vielleicht sein Streben nach Erfolg und Geltung; das Sextil zu Saturn gibt ihm die Bereitschaft, auch hart zu arbeiten und Krisen zu überstehen auf seinem Weg zu einer Machtposition.

Eine Zusammenfassung aller Komponenten wäre: Auf mutige und kämpferische Art mit Zähigkeit und Verbergen von eigenen Empfindlichkeiten einer Aufgabe dienen.

Nun kommt die Hintergrundmusik des Neumond-Horoskops dazu. Hier deute ich den Neumond in Haus und Zeichen, den AC und in seinem Fall zusätzlich den dominanten Neptun am IC. Mit dem Neumond im 10. Haus gilt sein Kämpfen und Dienen der Gesellschaft oder allgemein einer öffentlichen Stellung und Verantwortung. Der Neptun im 4. Haus könnte hier den Anspruch an sich beschreiben, «die Welt ein bisschen schöner zu machen», für soziale Gerechtigkeit im eigenen Vaterland zu sorgen, und betont nochmals die Sensibilität, Offenheit, Empfindsamkeit und die Bereitschaft, sich ganz in eine Aufgabe hineinzugeben. Der Löwe-AC (im Radixhoroskop der MC) unterstützt wohl das Verlangen, eine Wirkung nach außen zu erzielen, und auch den Wunsch, Großes zu leisten.[7] Die Kombination seines Skorpion-AC im Radixhoroskop mit dem Hintergrund einer Löwe-Energie ist sicher die charismatische Ausstrahlung einer Führungspersönlichkeit.

In einer Radix-Beratung hätte man nun die zusätzlichen Informationen, dass es ihn als Führungspersönlichkeit in ein öffentliches Amt drängt, was aus dem Geburtshoroskop sicher nicht in dem Maße ersichtlich ist. Auch die Betonung des Elementes Feuer dürfte ihm bekannt sein, wäre aber im Radixhoroskop nicht zu finden. Zudem wäre man informiert über sein dominantes Neptun-Thema, das ebenso im Radixhoroskop nicht so deutlich wird. Hier würde Gerhard Schröder vielleicht seine Zerrissenheit wiederfinden zwischen dem, was sich ihm

7 Seine Mondknoten-Achse hat das Thema «Selbst-Verwirklichung», nachzulesen in meinem Buch *Die Spirale der Mondknoten – sechs Wege zur Mitte*, Tübingen, 2004.

in der konkreten Welt zeigt (10. Haus), dem «Machbaren», und den Idealen und Visionen, denen sein eigentliches Kämpfen gilt, die Diskrepanz oder die Verbindung zwischen Traum und Wirklichkeit.

Selbst bei einem Neumond vor der Geburt im selben Zeichen wie die Radix-Sonne kann das Neumond-Horoskop also zusätzliche wertvolle Hinweise geben. Zudem ist der Aufwand, diese Informationen zu bekommen, gering.

Eine ähnliche Verstärkung der Radix-Sonnen-Energie finden wir auch bei seinem damaligen Außenminister Joschka Fischer. Schauen wir uns dies zur Verdeutlichung ebenfalls genauer an.

Die Elementeauswertung in den Zeichen und damit der Anlage ergibt 48 Punkte für Feuer, 10 für Erde, 8 für Luft und das Element Wasser hat keinen Punkt. Auch er ist mit einer Widder-Sonne angetreten, noch dazu im 1. Haus und einem Widder-AC. Zudem ist er kurz nach Neumond geboren, was vom Zykluspunkt aus ebenfalls einer Widder-Energie entspricht. Er ist somit ein prädestinierter Kämpfer und Pionier. Der Jupiter im eigenen Zeichen und Haus im Trigon zur Sonne und das Sextil der Sonne zu Uranus fordern ihn auf, seine Energie für zukunftsweisende und weltanschauliche Belange einzusetzen. Auch seine Sonne hat einen Aspekt zu Saturn, ein Trigon, und dieses verhilft ihm womöglich, bei aller Zukunftsvision und spontaner Begeisterung für die Weltverbesserung, mit den «Beinen auf dem Boden» zu bleiben, und kann ihm Ausdauer geben bei der Arbeit an der Realisierung seiner Ideen. Er hat schon hier im Radixhoroskop viel Feuer, noch mehr allerdings im Neumond-Horoskop. Dort werden diese Anteile noch verstärkt.

Die Elemente verteilen sich hier mit 58 Punkten auf Feuer und 8 auf Luft, Erde und Wasser haben keine Punkte. Auch er hat in diesem Horoskop einen Löwe-AC wie sein Kanzler, und den Neumond vor der Geburt finden wir im 9. Haus. Joschka Fischer stand bei Umfragen in der Bevölkerung lange Zeit ganz oben auf der Liste der beliebtesten Politiker und hat

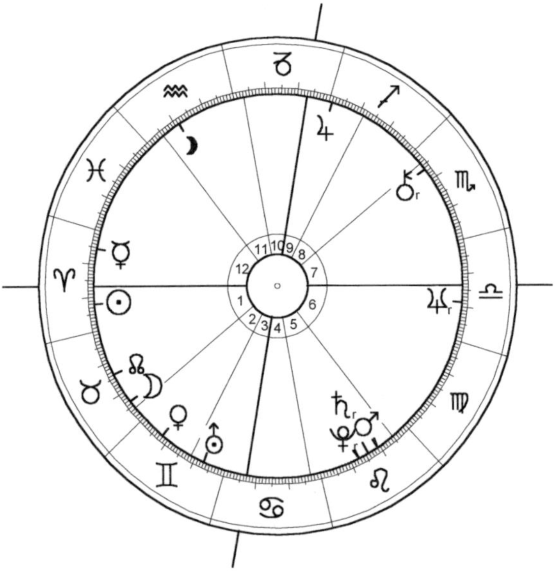

Abb. 15: Joschka Fischer, Radix, 12.4.1948; 5.30 Uhr, Gerabronn

mit diesen Stellungen im Horoskop sicher viel dazu beigetragen, seiner neuen Partei mit ihren Umweltidealen zum Erfolg zu verhelfen. Auch sein ehemaliges Amt als Außenminister in der rot-grünen Koalition passt zu diesen Konstellationen. Wenn wir die Transite zu diesem, für ihn sicher wichtigen Ereignis erstellen (Daten: 27.10.1998, Bonn), finden wir in Bezug auf das Geburtshoroskop keine bedeutenden Auslösungen. Im Neumond-Horoskop vor der Geburt allerdings steht der laufende Mondknoten fast minutengenau auf seinem Löwe-AC.

Auf die Technik der Transite zu den Neumond-Horoskopen wird später im prognostischen Teil noch eingegangen.

Beide Politiker haben übrigens ihren ersten Neumond nach der Geburt (auch dazu später mehr im entsprechenden Kapitel)

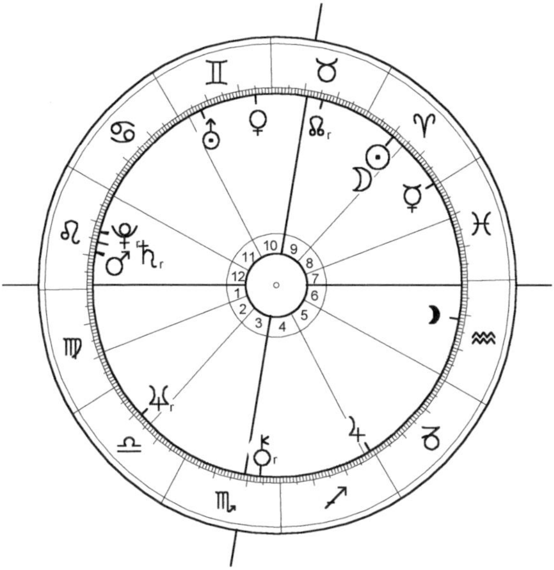

Abb. 16: Joschka Fischer, Neumond vor der Geburt, 9.4.1948; 13.16.31 Uhr, Gerabronn

im Zeichen Stier. Zu der kämpferischen Widder-Komponente, die ein Leben lang als Hintergrundmusik bleibt, kommt zum jeweils individuellen Zeitpunkt bei beiden noch eine erdhaft-konkrete Seite dazu.

Ich möchte Ihnen jetzt noch ein Beispiel aus meiner Praxis vorstellen. Maria ist eine Klientin, deren Lebensgeschichte sich mit Blick auf die drei Neumonde als Hintergrund viel umfassender verstehen lässt. Im prognostischen Teil und im 1. und 2. Neumond nach der Geburt werde ich mich erneut auf sie beziehen. Der Name ist geändert und ich gebe aus Datenschutzgründen auch nicht ihre Geburtsdaten bekannt.

Bei ihr sind die Elemente folgendermaßen verteilt: Feuer 16 Punkte, Erde 18, Luft 26 und Wasser 6 Punkte. In ihrem Geburtshoroskop finden wir das Thema Zwillinge und 3. Haus

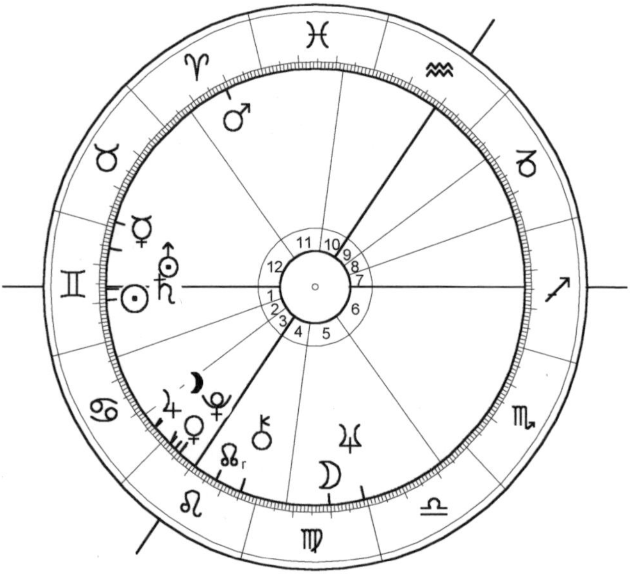

Abb. 17: Maria, Radix

betont. So sagt sie auch über sich selbst, dass sie schon als Kind sehr neugierig war, ihre Wissbegierde und ihre Redefreude aber eher als unangenehm für die Umwelt erlebte und deshalb gebremst wurde. Wenn sie auf ihrer eigenen Meinung bestand (Saturn auf Zwillinge-AC), wurde sie als renitent und besserwisserisch bezeichnet (Jupiter im 3. Haus) und erfuhr Ablehnung. So versuchte sie, «brav» zu sein und sich zurückzuhalten, aber ihre Gedanken, Ideen und Worte brachen immer wieder durch. Sie wollte sich gedanklich reiben, aber von anderen kam der Vorwurf, sie würde streiten (Mars in Widder im Quadrat zur Sonne). Sie erlebte dies als starke Einschränkung in ihrem persönlichen Selbstausdruck und in ihrem Selbstwert (Saturn Konjunktion Sonne; Pluto Konjunktion Venus), sie sollte sich gefälligst zurück- und nicht so wichtig nehmen, und das empfand sie als sehr ungerecht.

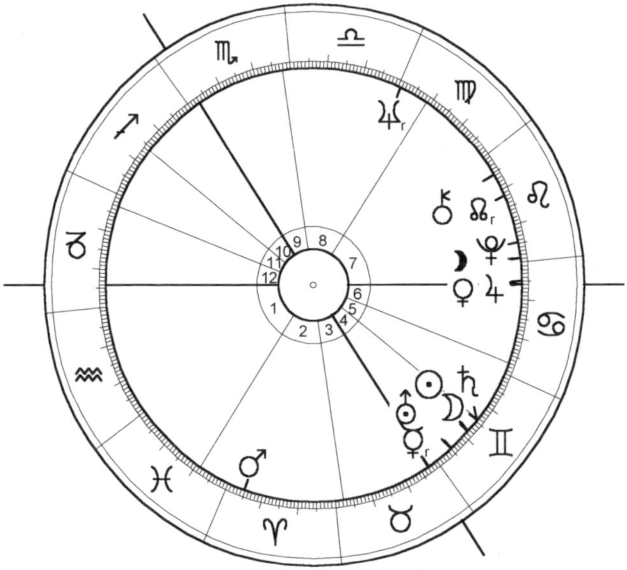

Abb. 18: Maria, Neumond vor der Geburt

Beim Neumond vor der Geburt verteilen sich die Elemente mit 8 Punkten auf Feuer, 18 auf Erde, 26 auf Luft und 14 Punkte auf das Wasser. Der Neumond vor der Geburt verstärkt ihre Radix-Anlage noch. Sie hat hier einen Steinbock-AC und den Neumond abermals in Konjunktion zu Saturn. Zudem ist der Merkur am IC der dominante Planet zusammen mit der Venus/ Jupiter-Konjunktion am DC.

Diese Hintergrundmusik beschreibt einen Menschen, der seine Worte, Gedanken und Ideen «aus dem Bauch heraus» sprudeln lassen will Neumond im 4. Haus) und sehr wohl den anderen etwas zu sagen haben möchte, ja wichtig sein will in Begegnungen. Jupiter betont sicher auch noch ihren Erkenntnisdrang und ihr Gerechtigkeitsgefühl; die Betonung des 4. Hauses sowie die dominante Krebs-Venus lässt sie emotionaler und fürsorglicher sein, als es das Radixhoroskop vermuten ließe. Der Neumond ist eingebettet zwischen Uranus und Saturn, dies könnte vielleicht ein Hin- und Hergerissensein zwischen Rebellion und Pflichterfüllung bedeuten.

In beiden Horoskopen ist die Luft betont, allerdings wird die Leichtigkeit auch beide Male durch den Saturn gebremst.

Zum weiteren Verständnis hier noch einige Daten bzw. Ereignisse aus ihrer Jugendzeit:

Als Säugling und im März 1956 hatte sie jeweils eine schwere Lungenentzündung (im März 1956 stand der Transit-Mondknoten exakt auf dem Neumond), im Herbst 1952 Hepatitis (progressiver Mond in Konjunktion zum AC des Neumond-Horoskops und Opposition zu Venus/Jupiter). Im Mai 1958 wurde die Mutter bei der Geburt einer behinderten Schwester sehr krank und Maria musste, mit 15 Jahren, über Wochen den Haushalt mit fünf jüngeren Geschwistern alleine führen. Die Bereitschaft zur Pflichterfüllung wuchs in gleichem Maße, wie die Rebellion abnahm. Am 2. Februar 1963 trat sie ins Kloster «Arme Dienstmägde Jesu Christi» ein und legte im September 1965 ihr erstes Gelübde ab. Im September 1964 begann ihr zweiter Neumond nach der Geburt, dieses Ereignis lag genau zwischen den beiden Daten. Wenn der Neumond vor der Geburt in den Zwillingen ist, wird der erste nach der Geburt im Krebs sein. Wir werden uns das Horoskop später im Abschnitt über den ersten Neumond nach der Geburt genauer in seiner Bedeutung und Themenstellung anschauen.

Neumond vor der Geburt im Zeichen vor der Radix-Sonne

Anders als in diesen Beispielen verhält es sich, wenn der Neumond vor der Geburt in dem der Radix-Sonne vorangehenden Zeichen steht. Hier erlebt der Betreffende häufig eine Diskrepanz zwischen seiner Geburtsanlage und seinem Erleben. In diesen Fällen ist dann das Neumond-Horoskop den Menschen oft auf Anhieb vertraut.

Benachbarte Zeichen sind die größten Gegensätze in einem

Horoskop, als Aspekt ist es das Halbsextil, nicht etwa die Oppositions- oder die Quadratzeichen. Dies wird klarer, wenn man sich den Rhythmus vergegenwärtigt: Auf das feurige Vorwärtsdrängen des Widders folgt die Beständigkeit und Ruhe des Stiers, dann flattert der Zwilling leicht in den Lüften der Kommunikation, gefolgt vom Krebs, der im Wasser der Empfindungen schwimmt, usw. So ist es vielleicht nachzuvollziehen, dass es verwirrend sein kann, in sich so unterschiedliche Intensionen zu spüren. Die einen erleben es durch den Neumond vor der Geburt im Zeichen vor der Radix-Sonne, die anderen mit dem ersten Neumond nach der Geburt im Zeichen, das der Sonne im Geburtshoroskop folgt.

Zur Verdeutlichung ein paar Kombinationsbeispiele im Tierkreis. Die Radix-Sonne ist dabei die Ausgangsqualität, der Neumond vor der Geburt die zusätzliche Energie, die diese Sonne wie eine Aura, wie eine Schwingung oder eben Musik umgibt.

Widder-Sonne im Radixhoroskop, Neumond vor der Geburt in den Fischen

Der Betreffende fühlt sich selbst viel sensibler oder wird von außen «wässriger», vielleicht auch altruistischer oder unentschlossener wahrgenommen. Die Dynamik in der Durchsetzung wird abgeschwächt und die Tatkraft womöglich eher für andere als für sich selbst eingesetzt.

Stier-Sonne im Radixhoroskop, Neumond vor der Geburt im Widder

Hier bekommt die ruhige und vielleicht etwas behäbigere Sonne Mut und Energie zur Veränderung. Der Mensch fühlt womöglich nicht so stark den Wunsch nach Beständigkeit in sich und wird auch von außen vitaler, tatkräftiger und kämpferischer erlebt.

Zwillinge-Sonne im Radixhoroskop,
Neumond vor der Geburt im Stier

Die Luftigkeit und Leichtigkeit der Sonne bekommt zusätzlich einen Bezug zum Konkreten, sie wird etwas auf dem Boden gehalten. Die vielen Ideen wollen auch praktisch realisiert werden. Der Wunsch nach Neuem und Veränderung ist zwar da, wird jedoch mehr gebremst und auf konkrete Werte hin überprüft.

Krebs-Sonne im Radixhoroskop,
Neumond vor der Geburt in den Zwillingen

Hier täuscht die nach außen wirkende Leichtigkeit oft über die Empfindsamkeit hinweg. Zum anderen verhilft der Neumond dem Betreffenden aber, sich nicht so in sein Schneckenhaus zurückzuziehen, sondern auch mal aus der Distanz des Kopfes seine Bauchgefühle zu betrachten.

Löwe-Sonne im Radixhoroskop,
Neumond vor der Geburt im Krebs

Hier bekommt der Wunsch nach Selbstdarstellung mehr Gefühl auch für die Umgebung. Das Feuer der Kreativität hat größeren Tiefgang und ist gepaart mit Fantasie und Gespür.

Jungfrau-Sonne im Radixhoroskop,
Neumond vor der Geburt im Löwen

Diesen Menschen verhilft die Hintergrundmusik dazu, auch mal aus dem Schatten der Bescheidenheit herauszutreten und Führungsfunktionen zu übernehmen. Als «Aschenputtel» wirkt sie oft, ohne dass sie es weiß, wie eine Königin. Bei allem kritischen Realitätssinn kommt die Freude am Tun aus ganzem Herzen dazu.

Waage-Sonne im Radixhoroskop,
Neumond vor der Geburt in der Jungfrau

Hier bekommt die lockere und offene Kontaktfreude eine kritische Note der Distanz. Diese Menschen sind häufig nicht so du-bezogen, sind viel sensibler und damit auch leichter zu verletzen und bemühen sich oft stark, alles «richtig» zu machen.

Skorpion-Sonne im Radixhoroskop,
Neumond vor der Geburt in der Waage

Die Tiefgründigkeit und das eventuelle Misstrauen anderen gegenüber wird durch die Waage-Energie harmonisiert und der Mensch ist offener im Kontakt mit anderen. Dadurch wird nicht mehr alles hinterfragt und muss nicht zwanghaft tief durchlebt werden, sondern das Leben kann auch schön und angenehm sein.

Schütze-Sonne im Radixhoroskop,
Neumond vor der Geburt im Skorpion

Die Entdeckerfreude des Schützen bezieht sich hier auf die Themen des seelisch Untergründigen und der verborgenen Bereiche in der Welt. Der feurig nach vorne gerichtete Optimismus bekommt mehr Tiefgang und der Sinn wird hinterfragt.

Steinbock-Sonne im Radixhoroskop,
Neumond vor der Geburt im Schützen

Hier kommt zum Verantwortungsgefühl und Realitätssinn noch die Fähigkeit der Begeisterung dazu. Menschen mit dieser Konstellation haben die besten Voraussetzungen für eine Führungsposition, da die Hintergrundmusik des Optimismus und des Glaubens an die Zukunft gepaart wird mit Ausdauer, sodass sich manches hohe Ziel erreichen lässt.

Wassermann-Sonne im Radixhoroskop, Neumond vor der Geburt im Steinbock

Der Erdbezug des Steinbocks verhilft hier dem hochfliegenden Ballon zur Landung, und zukunftsorientierte Visionen bleiben nicht mehr nur abgehobene Ideen, sondern können konkretisiert werden. Hier finden wir den guten Freund und Kollegen, auf den man sich verlassen kann, oder den Teamgeist mit Führungsanspruch.

Fische-Sonne im Radixhoroskop, Neumond vor der Geburt im Wassermann

Dieser Fisch braucht Luft. Er taucht deshalb aus seinem wässrigen Element auf und kann sich die Ureinheit auch mal aus der Distanz der Individualität anschauen. Dadurch ist die Gefahr des Sich-Verlierens und Auflösens nicht so groß, er kann sich immer wieder mal «rauskicken», das Leben ist nicht nur Mitleid, sondern kann auch Spaß machen und mit Humor genommen werden.

Auch wenn die benachbarten Zeichenenergien sehr gegensätzlich sind, wird bei den Deutungen sichtbar, wie hilfreich das vorangehende Neumond-Zeichen für die Radix-Sonne sein kann. Allerdings ist diese Kombination natürlich auch als problematische Diskrepanz und als Zerrissenheitsgefühl denkbar mit allen Gefahren, die solch ein Erleben mit sich bringen kann. Deshalb ist es besonders wichtig, den Betroffenen die Chancen dieser zusätzlichen Schwingungsenergie zu erläutern.

Um das Ganze zu vertiefen, ein weiteres Beispiel aus meiner Praxis:

Doris, eine ehemalige Astrologie-Studentin von uns, war in ihrem Radixhoroskop sehr schützebetont. Sie erzählte mir in der Beratung aber, dass sie sich gar nicht danach fühle, sich in dieser Zeichenbeschreibung nicht wiederfände, sondern sich schon seit ihrer Kindheit eher mit den Themen Tod und allem, was dazugehört, auseinandersetze. Außerdem wäre sie in ihrem Radixhoroskop anscheinend feuerbetont, finde sich dagegen aber eher

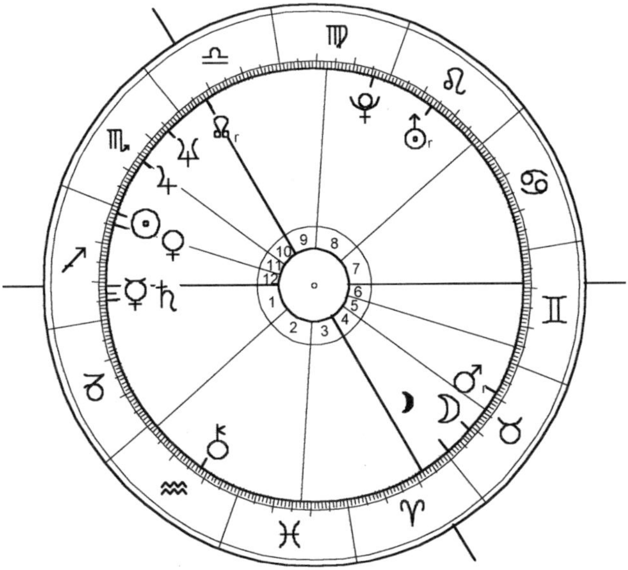

Abb.19: Doris, Radix

wässrig. Ich solle ihr doch mal erklären, wo ich das in ihrem Horoskop sähe.

Bei der Elementeverteilung ist Feuer mit 42 Punkten wirklich das stärkste Element, gefolgt von Erde mit 18 und Wasser mit 6 Punkten, während Luft keine Punktzahl erhält. In ihrem Geburtshoroskop finden sich tatsächlich viele Schütze-Themen, jeder Astrologe hätte bei der Deutung sicher diesen Anteil hervorgehoben. Wenn wir ihrer eigenen Wahrnehmung folgen und nach Pluto-Themen suchen, sind diese nicht gerade so dominant vertreten, dass wir hier eine Bestätigung finden könnten. Bei dieser Geburtssonnen-Stellung Anfang Schütze und dem Mond im Stier (Zykluspunkt bei der Geburt fast Vollmond, also war etwa 13 Tage zuvor Neumond) benötigt es keiner großen Rechnerei, man kann auf Anhieb sehen, dass ihr Neumond vor der Geburt im Skorpion stehen muss.

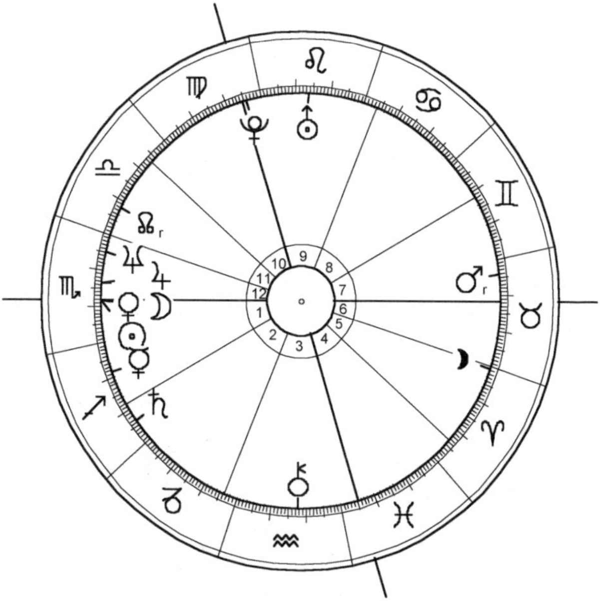

Abb. 20: Doris, Neumond vor der Geburt

Bei der Elementeverteilung für den Neumond vor der Geburt in den Zeichen zeigt Feuer mit 14 Punkten, Erde 8, Wasser 44 und Luft bekommt wieder keine Punkte. Ich hätte ihre Schütze-Betonung im Radixhoroskop in Verbindung mit dem Neumond-Horoskop auch sicher anders gedeutet (und zum Beispiel das Thema angeboten: eine Sinnsuchende in den Tiefen der Seele), deshalb konnte ich ihre eher skorpionische Selbstbeschreibung gut nachvollziehen. Als ich ihr das Neumond-Horoskop mit der Häufung im Skorpion zeigte, konnte sie von da ab ihre Interessen annehmen und fühlte sich nicht mehr «falsch». In diesem Horoskop findet man auch tatsächlich als vorherrschendes Element das Wasser.

Vor kurzem schickte sie mir einen Brief, den ich hier auszugsweise zitieren möchte. Sie schreibt:

«*Das Verbotene hat mich als Kind immer fasziniert. Alte, leer stehende Häuser und abgelegene Scheunen haben mich magisch angezogen. Schatzsuche war auch immer eines meiner Lieblingsspiele und der Wald mein Lieblingsspielplatz.*

Mein erster Kinofilm (ich war 11 Jahre alt) war «Die Nacht der reitenden Leichen» (Pluto/Jupiter). Ich schlich mich mit meiner Freundin heimlich und ohne zu bezahlen ins Kino.

Mit 12 Jahren sprang ich bei einem Schwimmbadbesuch vom 10-Meter-Brett. Das Sprungbrett befand sich auf einem Betonpodest in einem Badesee und war wegen des abgesunkenen Wasserspiegels gesperrt. Als der Bademeister außer Sicht war, stieg ich über die Absperrung, kletterte hoch und sprang. Ich tauchte unendlich tief ins Wasser ein … Mir ging die Luft aus. Ich schluckte viel Wasser und dachte, ich müsste ertrinken. Ich hatte Todesangst.

Der Sturz aus schwindelnder Höhe in die schwarze Tiefe des Sees war für mich meine erste körperliche Pluto/Jupiter-Erfahrung. Es sollten noch mehrere folgen.

… wurde von einem Tag auf den anderen Chemie mein Lieblingsfach, mich faszinierte daran die Magie. Meine Lieblingslehrerin … hatte klasse Zaubertricks drauf.

Der Tod war für mich von frühester Jugend an ein Thema. … viele Todesfälle erlebt. Ich dachte schon früh über den Tod nach. Er machte mir Angst, nicht nur weil er unausweichlich war, sondern auch weil das Leben dadurch sinnlos wurde.

… Das Phänomen der Auferstehung (Überwindung des Todes) ist unglaublich spannend und wurde für die nächsten Jahre zum Inhalt meiner Suche.

… Mein Neumond vor der Geburt war am 11.11. auf 19° Skorpion, also an Sankt Martin, bekanntlich dem Tag der Laternenumzüge. Wieder die Pluto/Jupiter-Thematik: das Licht in der Dunkelheit. Der Skorpion-Neumond ist wohl das Dunkelste, was es auf der Erde gibt. … Die 19 war schon immer meine Lieblingszahl.»

Ein weiteres interessantes Beispiel für den Nutzen des Neumond-Horoskops ist C.G. Jung.

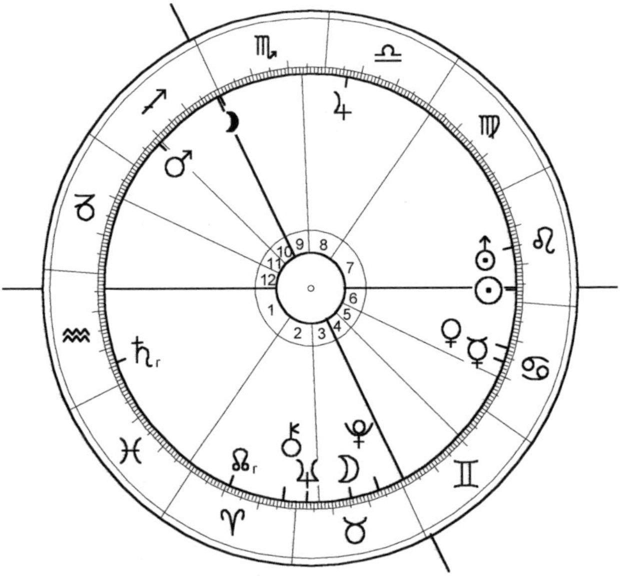

Abb. 21: Carl Gustav Jung, Radix, 26.7.1875; 19.32 Uhr, Kesswil (CH), (Zeit korrigiert von Astrodata)

Die Elementeverteilung ergibt bei Feuer 18 Punkte, bei Erde 10, bei Luft 22 und Wasser bekommt 16 Punkte. Zuerst entschied er sich für ein Archäologiestudium, brach es dann aber ab und studierte Medizin. Seine Dissertation schrieb er über Psychologie und Pathologie, sogenannter okkulter Phänomene. Sein Interesse im gesundheitlichen Bereich galt also wohl eher den psychischen Phänomenen hinter dem körperlichen Ausdruck. In Jungs Radixhoroskop finden wir hierzu passend besonders die Mondknoten-Achse: »Beziehungen« (Thema der Achse Widder/Waage) – zwischen Haus 2 und Haus 8.[8] Zusätzlich

8 Die sechs Themen der Mondknoten-Achsen sind nachzulesen in meinem Buch *Die Spirale der Mondknoten – sechs Wege zur Mitte*, Tübingen, 2004.

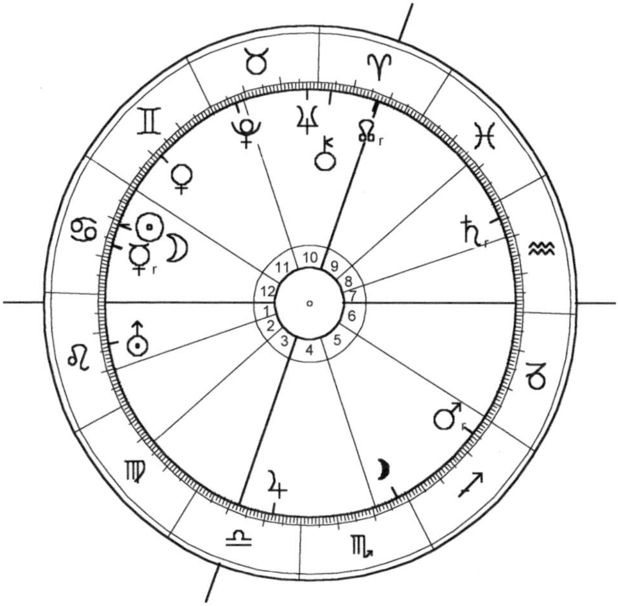

Abb.22: C.G. Jung, Neumond vor der Geburt: 3.7.1875, 5.25.12 Uhr; Kesswil (CH)

unterstützen Jupiter im 8. Haus, Neptun und Pluto im 3. Haus zusammen mit dem Stier-Mond, sowie Venus und Merkur im Krebs im 6. Haus dieses Thema. Die Sonne bildet außerdem ein exaktes Quadrat zu Neptun.

Schauen wir uns jetzt die Hintergrundmusik des Neumondes vor der Geburt an.

Die Elementeverteilung ändert sich beim Neumond vor der Geburt in: Feuer 18 Punkte, Luft 20, Wasser 28 und Erde erhält keine Punktzahl. Der Löwe-AC fordert ihn auf, sich mit seinem seelischen Potenzial nach außen auszudrücken. Dieser AC fällt übrigens genau auf seine Radix-Sonne und der Neumond hat eine Konjunktion zu seinem Merkur im 6. Haus. Es ist also in der Kombination, im Vergleich der beiden Horoskope (Synastrie) die Achse 6/12 angesprochen. Das Thema der Synastrie wird später noch genauer besprochen, hier wurde ein Punkt vorweggenommen, da es so offensichtlich ist und keine speziellen technischen Voraussetzungen braucht.

Die Mondknotenachse als Symbol für das persönliche spirituelle Entwicklungsziel steht in diesem Neumond-Horoskop dominant auf der IC/MC-Achse, womit eine Verbindung zwischen den beiden Themen hergestellt wird.

Die Stellung des Neumondes im Krebs und im 12. Haus symbolisiert eine Kombination aus persönlich emotional Erlebtem und kollektiven Seeleninhalten und erklärt Jungs Interesse an den Symbollehren aller Art, an Märchen und Mythen sowie an der Astrologie. Er sagt von sich selbst, er sei in eine Familie hineingeboren worden, die ihm den Zugang zu den verborgenen mystischen Welten ermöglichte und ihm so ein Erbe zur Verfügung stellte: der Krebs-Neumond im 12. Haus. Er wurde schon früh mit den ungreifbaren transzendenten Bereichen konfrontiert: Der eine Großvater war Freimaurer und betonte, ein Nachfahre von J.W. v. Goethe zu sein, der andere war Geistlicher, ebenso sein Vater, der nicht nur die Botschaft der Kirche verkündete, sondern auch Informationen von «Geistern». Zudem fiel seine Mutter des Öfteren in Trance und sprach unartikuliert mit Wesen aus anderen Welten. Er erlebte dies aber nicht ausschließlich an seiner Familie, denn er erinnert sich, dass er schon im Alter von vier Jahren selbst mystische Erlebnisse hatte.

Durch diese Neumond-Konstellation bekommt nun auch seine dominante Löwe-Sonne aus dem Radixhoroskop eine «wässrig-intuitive» Schwingungsfrequenz und lässt ihn weicher und einfühlsamer erscheinen, als die Radix-Kombination von dominanter Löwe-Sonne und Wassermann-AC vermuten ließe. Das betonte Element im Neumond-Horoskop ist Wasser und vermutlich kannte er dieses Seelenelement sehr gut an sich. Ich hatte leider nicht die Gelegenheit, ihn persönlich zu erleben, konnte aber einige seiner Vorträge auf CD hören. Schon durch seinen ausgeprägten Schweizer Dialekt und seine lebensnahen Beispiele baut er Nähe zu seinem Publikum auf und wirkt in keiner Weise arrogant oder

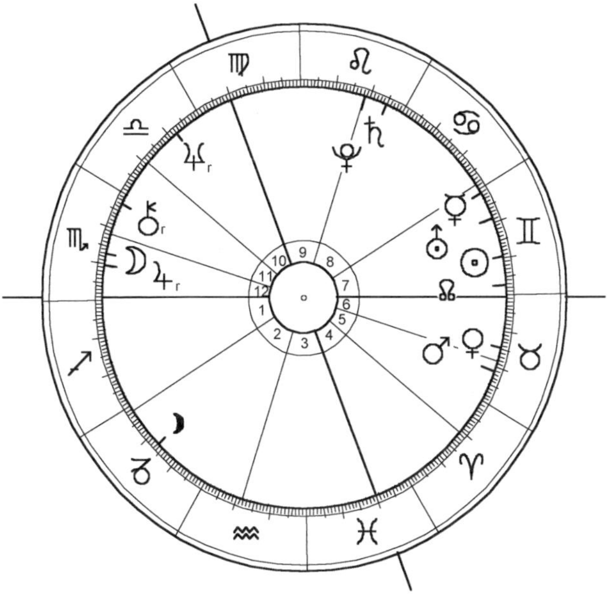

Abb. 23: Konstantin Wecker, Radix, 1.6.1947; 21 Uhr; München[9]

gar selbstgefällig und abgehoben, was bei diesen Radix-Stellungen durchaus als Gefahr in seiner Erscheinung denkbar wäre.

Als letztes Beispiel zur Verdeutlichung an dieser Stelle dient das Horoskop von Konstantin Wecker.

Bei der Elementeverteilung erhält Feuer 6 Punkte, Erde 16, Luft 18 und Wasser 26 Punkte. Er hat in seinem Radixhoroskop

9 Die Geburtszeit von Konstantin Wecker ist nicht gesichert. Die Zeit von 21 Uhr stammt von einer Freundin der Mutter des Künstlers und wurde mündlich vom Büro Wecker bestätigt. Es existieren noch andere Geburtszeiten, z.B. in der Datenbank des DAV mit Hinweis auf den Datengeber, der allerdings auf Rückfrage nichts von dieser Information wusste und selbst keine Zeit von Konstantin Wecker hat. Für die Neumond-Horoskope ist die exakte Geburtszeit des Radix allerdings auch unerheblich, sodass wir uns schließlich wegen fehlender Alternativen für die «Mutter-Quelle» entschieden haben.

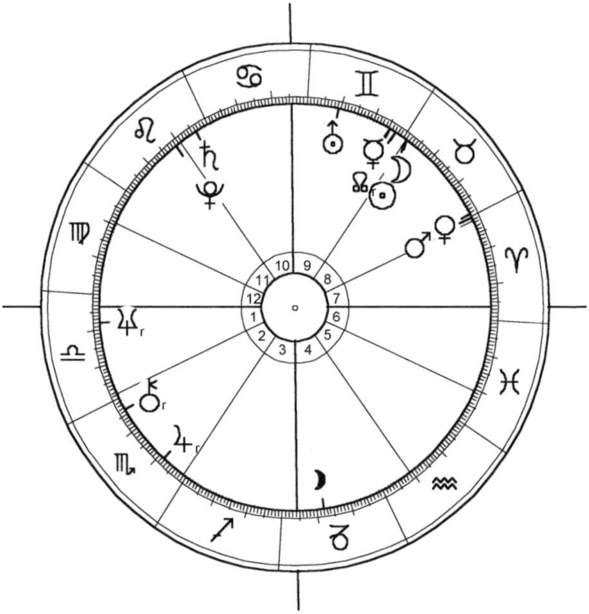

Abb. 24: Konstantin Wecker, Neumond vor der Geburt, 20.5.1947, 13.43.40 Uhr, München

viele Skorpion-Themen, und das kommt in seiner Persönlichkeit, in seinen Liedtexten und in seinem intensiven Leben auch zum Ausdruck. Die Begeisterung in seinem Auftreten und das Mitreißen seiner Zuschauer in Konzerten sowie sein weltanschauliches Engagement ließen sich durch einen Schütze-AC besser nachvollziehen, welchen er hätte, wenn er nur wenige Minuten später geboren wäre.

Er sagt über sich selbst: «Einer der stärksten Triebe, die ich habe, ist es, mich ausdrücken zu wollen, mich ausdrücken zu müssen.» Einer Familientradition folgend (Urgroßvater und Vater waren Sänger) tut er dies mit Gesang. Er war im Kinderchor, lernte allerdings auch Klavier, Geige und Gitarre.

Wie aus der Stellung von Sonne und Mond zu sehen ist, befindet sich sein Neumond vor der Geburt im Stier.

Beim Neumond vor der Geburt verteilen sich 14 Punkte auf das Element Feuer, 28 auf Erde, 18 auf Luft und 6 Punkte auf Wasser. Ferner hat er einen Waage-AC mit einem dominanten Neptun in Konjunktion. Diese Energie ist sicher in seiner Erscheinung und in seinem Leben wahrnehmbar, ebenso wie die sinnliche Stierbetonung in den Texten seiner Lieder (Neumond im Stier, in Konjunktion zu Merkur in den Zwillingen – das entspricht seinem Drang, sich sinnlich-kreativ mit Worten ausdrücken zu müssen). In diesem Horoskop finden wir auch in der Stellung des Neumondes im 9. Haus sein weltanschauliches Engagement, was den im Radixhoroskop vermuteten Schütze-AC erklärt und im dominanten Neptun am AC seine Auseinandersetzung mit dem Thema Drogen aufzeigt.

Der Neumond vor der Geburt als Information für die Prognose

Die Zeugung bzw. die Empfängnis der Idee des Neumondes vor der Geburt liegt vor dem Eintritt in unser konkretes Leben, vor der Abnabelung und der Trennung von der Mutter und folgt somit nicht den Entwicklungen in Raum und Zeit, also dem im Anfangsteil beschriebenen Zyklus.

Da dieser Neumond seinen Anfang vor unserer Geburt hat, folgt er in der Entwicklung nicht dem im Anfangsteil beschriebenen Zyklus. Er bleibt in seiner Wirkung auf das Radixhoroskop unser Leben lang erhalten, und so geht es hier auch nicht um Anfang, Aufstieg bis zum Höhepunkt oder Abstieg und Ende dieses Themas. Wenn jedoch in einem Jahr der Solar-AC auf den Neumond oder den AC des Neumond-Horoskops fällt, sind es für den Betreffenden wichtige Jahre, in denen sich dieses zusätzliche Potenzial bemerkbar macht und integriert werden will.

Auch Auslösungen durch die Sekundär-Progression über diese Punkte können sich in Ereignissen realisieren oder sie zeigen sich in verstärktem Interesse an der Frage nach dem Sinn des

Daseins. Hier kommt oft die spirituelle Dimension der Neumond-Horoskope zum Tragen.

Häufig ist zu beobachten, dass besonders Transite über diese Punkte im Neumond-Horoskop im Leben des Betreffenden spürbar sind. Wenn man die Prognosemethoden nur auf das Radixhoroskop anwendet, findet man oft keine Auslösungen für das vom Klienten gerade als brisant erlebte Thema.

Deshalb ist es sinnvoll, den Neumond vor der Geburt immer in einen Jahrestrend miteinzubeziehen. Da die Techniken (ich verwende für einen Jahrestrend Solar, Progression und Transite) schon für das Geburtshoroskop gemacht sind, ist es kein großer Aufwand, den Solar-AC, um das Neumond-Horoskop zu zeichnen, wie auch die progressiven Planeten und die Transitpositionen der Langsamläufer im Neumond-Horoskop zu vermerken.

Anhand der bereits beispielhaft genannten Personen bzw. deren Horoskope lässt sich dies verdeutlichen. Die genannten Auslösungen beziehen sich immer auf den Neumond vor der Geburt, dessen Abbildung weiter vorne zu finden ist.

Gerhard Schröder, Wahl 27. Oktober 1998: Der progressive Mond war zu dieser für ihn wichtigen Zeit in Opposition zu seinem Widder-Neumond am MC des Neumond-Horoskops. Die Opposition ist der Höhepunkt eines Zyklus, und die Wahl zum Kanzler der BRD kann man wohl als den Höhepunkt seiner politischen Laufbahn bezeichnen.

Joschka Fischer, Wahl 27. Oktober 1998: Bei ihm, dem künftigen Außenminister (Widder-Neumond im 9. Haus), stand der Transit Mondknoten direkt auf dem Löwe-AC des Neumondes. Berührt der laufende Mondknoten einen Punkt im Horoskop, ergeht an den Eigner die Aufforderung, diese Qualität in sich zu integrieren. Fischer hat durch diesen Wahlerfolg eine wichtige (Löwe-)Position eingenommen, sowohl in seiner Partei als auch in der Regierung.

Maria, Lungenentzündung 1956: Der Transit Mondknoten bildete eine Konjunktion zu ihrem Neumond in den Zwillingen und dieses Zeichen hat eine Analogie zur Lunge.

Maria, Hepatitis 1952: Der progressive Mond ging gerade über den Steinbock-AC des Neumondes – es war eine schwere Zeit für sie und die Krankheit brachte Alleinsein und Rückzug mit sich. Er bildete gleichzeitig eine Opposition zu ihrer Venus/Jupiter-Konjunktion, wobei man die Leber als betroffenes Organ dem Jupiter zuordnen kann.

Maria, Klostereintritt 1963: Der progressive Mond bildet zu diesem Zeitpunkt eine Konjunktion zu ihrem Zwillinge-Neumond, hat also die Qualität aktiviert, die ihr auch später Schwierigkeiten machen sollte, nämlich unter anderem den Wunsch, ihre eigene Meinung vertreten zu dürfen.

Carl Gustav Jung, erstes Treffen mit Sigmund Freud Sommer 1907: Der Transit-Neptun bildete eine Konjunktion zu seinem Krebs-Neumond vor der Geburt im 12. Haus und Uranus und Mars eine Opposition. Diese Begegnung mit Freud war sehr wichtig für ihn und gab seiner Arbeit eine neue Richtung. Da der Neumond von Jung direkt auf dem MC des Neumond-Horoskops vor der Geburt von Freud fällt, betrafen diese Transite dessen IC/MC-Achse (seine Daten bzw. Horoskope finden sich weiter hinten).

Wenn wir zu wichtigen Ereignissen oder Zeiten keine Auslösungen im Geburtshoroskop finden, lohnt es sich also auf alle Fälle, das Neumond-Horoskop heranzuziehen.

Der erste Neumond nach der Geburt – der Familien- und Sippen-Neumond

Innerhalb der nächsten 30 Tage nach unserer Geburt wird wieder ein Neumond am Himmel sein. Je nach Stellung von Sonne und Mond im Radixhoroskop (ab- oder aufsteigender Zykluspunkt) kann dieses Ereignis kurz nach der Geburt stattfinden, der Mond hat die Sonne eingeholt und bildet wieder eine Konjunktion, oder erst viele Tage später.

Da man den Neumond progressiv betrachtet, werden die Tage nach der Geburt bis zur Konjunktion der beiden Lichter in Jahre umgerechnet.

Der Mond bewegt sich pro Tag zwischen 12° und 14° im Tierkreis vorwärts. Wenn er im Geburtshoroskop z.B. 30° hinter der Sonne steht, wird nach etwa zweieinhalb Tagen die Konjunktion sein, dieser Mensch wird also mit etwa zweieinhalb Jahren den Beginn seines ersten Neumondes nach der Geburt haben. Steht der Mond allerdings 30° vor der Sonne im Tierkreis, wird der Betreffende etwa 27 Jahre alt sein, bis sein erster Neumond nach der Geburt beginnt. Der zweite Neumond nach der Geburt wird dann 30 Jahre später stattfinden, im ersten Fall mit etwa 32, im zweiten erst mit etwa 57 Jahren.

Dieser erste progressive Neumond nach der Geburt hat nun im Gegensatz zum Neumond vor der Geburt, der als «Hintergrundmusik» ein Leben lang gültig bleibt, eine Wirkungsdauer von etwa 28 Tagen bzw. Jahren. Er beginnt mit der Konjunktion der progressiven Sonne mit dem progressiven Mond und folgt dem in der Einleitung beschriebenen Rhythmus: Über das aufsteigende Quadrat etwa sieben Jahre später, zur Opposition etwa 14 Jahre später, hinab zum absteigenden Quadrat circa 21 Jahre nach Beginn und endet mit der Rückkehr des progressiven Mondes an den Anfangspunkt nach nicht ganz 28 Jahren.

Der Mond hat während dieses Umlaufs in der aufsteigenden Phase alles abgegeben, was er empfangen hat, in der absteigenden Phase die gemachten Erfahrungen verinnerlicht und ist nun ganz leer, sprich ganz offen für die nächste Zeugung. Da er die progressive Sonne im Tierkreis noch einholen muss – sie ist im Laufe dieser Zeit ja auch vorwärts gewandert –, wird es noch einmal etwa zweieinhalb Tage bis zum nächsten Neumond dauern.

Diese Zeit nennt man die Dunkelmond-Phase, es ist der Übergang zwischen dem ersten und dem zweiten Neumond nach der Geburt, die später noch gesondert behandelt wird.

Spiritueller Ansatz

Der erste Neumond nach der Geburt beschreibt nun als saturnischen Daseinszweck eine Aufgabe oder eine Rolle, die der Mensch in seinem näheren Umfeld erfüllt oder die von ihm erwartet wird. Diese Funktion gilt auf spiritueller Ebene der Erhaltung der Erde, in welcher Form auch immer, damit Leben auf ihr möglich bleibt, denn Seelen müssen sich für ihre Weiterentwicklung inkarnieren können. Das kann nun im ganz persönlichen Rahmen geschehen (Baum pflanzen, Haus bauen, Kind zeugen) oder einen gesellschaftlichen Bezug haben. Saturn fordert zur Konkretisierung auf, er will nicht nur wie Uranus als Impulsgeber dienen, sondern selbst «Hand anlegen», realisieren, seine Pflicht tun und sein «Kreuz tragen».

Wir werden in einen Familienverband hineingeboren, und geht man von der spirituellen Idee aus, dass dies nicht zufällig geschieht, so bietet die Familie uns ein Umfeld, das wir zur Weiterentwicklung brauchen. Wir finden hier die «Vor-Bilder» für unsere Planetenkonstellationen, nämlich nach außen projizierte Möglichkeiten, diese zu leben. Damit bietet uns unsere Familie einen Erfahrungshintergrund, wie immer er auch als Chance oder Gefahr geartet sein mag. Sie übernimmt eine saturnische Aufgabe für uns, wir können durch sie lernen. Dasselbe gilt auch für das Kind. Auch hier «braucht» vielleicht der Familienverband jemanden, der den Familienmitgliedern die Chance zum Lernen und zur Weiterentwicklung bietet.

Natürlich ist hierbei der Neumond vor der Geburt beteiligt und oft findet man im Partnervergleich zwischen Eltern und Kindern wichtige Verbindungen über die Neumonde, die bei einem bloßen Radixvergleich nicht ersichtlich geworden wären.

Ein konstruiertes Beispiel: Die Mutter hat einen Wassermann-Mond, beim Kind taucht das Thema Wassermann im Radixhoroskop aber gar nicht auf, jedoch im Neumond vor der Geburt oder im ersten Neumond nach der Geburt. Es hat in einem dieser Horoskope z.B. einen Wassermann-AC direkt auf dem Mond der Mutter. Als Impulsgeber durch den Neumond vor der Geburt oder als Rolle, die das Kind übernimmt, erlebt die Mutter nun wassermännische Eigenschaften an ihrem Kind und kann so selbst – im positiven Fall – diesen Anteil integrieren lernen. Wir werden uns das in den praktischen Beispielen noch genauer ansehen.

Mit dem ersten Neumond nach der Geburt übernimmt der Mensch also eine Aufgabe, die im Familienverband benötigt wird.

Wenn der Neumond vor der Geburt im Zeichen vor der Radix-Sonne stand, wird nun der erste nach der Geburt ins Zeichen der Radix-Sonne fallen, betont also das angelegte Potenzial, und der Mensch kann sich mit der übernommenen Aufgabe und Rolle eher identifizieren. Meistens findet in diesem Fall der Beginn des ersten Neumondes nach der Geburt auch in jungen Jahren statt, wo eine bewusste Unterscheidung zwischen Rolle und Persönlichkeit noch nicht gegeben ist.

Anders ist es, wenn der Neumond vor der Geburt im Sonnenzeichen des Geburtshoroskops stattgefunden hat. Jetzt fällt der erste Neumond nach der Geburt ins folgende Zeichen, es kommt also eine zusätzliche Energie zum Tragen. Meistens ist der Mensch hier den Kinderschuhen schon entwachsen und erlebt eine Wende, eine neue Qualität in seinem Leben.

Oft ist es so, dass Erstere es erleben, als ob sie früh erwachsen werden mussten, Zweitere hingegen konnten sich damit etwas mehr Zeit lassen.

Die spirituelle Idee des ersten Neumondes nach der Geburt als Funktion und Aufgabe für das nähere Umfeld ist wertneutral. Wie sie sich im Leben des Einzelnen zeigt, ist natürlich von vielen Faktoren abhängig und ergibt sich erst aus dem Gespräch mit dem Betroffenen. Eine bewusste Auseinandersetzung mit dem Thema kann allerdings dem Betreffenden helfen, die Art und Weise wie er die Aufgabe in Zukunft bewältigen will, selbst zu bestimmen.

Viele kennen es aus ihrem Leben, dass sie auf manches festgelegt werden, z.B. als Vorwurf: «Immer bist du so ... !» oder als Erwartung: «Das machst am besten du, das hast du doch immer gemacht!» Dies entspricht der Wahrnehmung der Umgebung, dass hier ein Potenzial vorhanden ist, welches ein wichtiges Thema im Familienverband oder im weiteren Umfeld darstellt. Der Betroffene mag sich hiermit falsch verstanden oder eingeschätzt fühlen, besonders wenn der erste Neumond nach der Geburt im der Radix-Sonne folgenden Zeichen steht, dennoch beschreiben diese Vorwürfe oder Erwartungen oft genau die Rolle, die im Neumond zu finden ist.

Im Gegensatz zum Neumond vor der Geburt, der sich häufig nur in Impulsen und durch Übertragung der Energie äußert, geht es beim ersten Neumond nach der Geburt um konkrete Handlungen. Für diese Art der Energie sollen wir etwas tun. Die Beschreibung der spirituellen Energie im Neumond vor der Geburt bekommt nun also eine aktive Komponente, sodass der Betroffene nicht nur unbewusst diese Energie ausstrahlt, sondern merkt, dass er etwas auf diese Art tut.

Das Geschenk, das im Abschnitt über den spirituellen Hintergrund des Neumondes vor der Geburt beschrieben wurde, kann man hier als eine Funktion oder eben als saturnische Aufgabe sehen und übersetzen. Wie sich dies in Rollen niederschlagen könnte, wird im folgenden Abschnitt gezeigt.

Der erste Neumond nach der Geburt in Verbindung mit der Radix-Deutung

Je jünger man zu Beginn dieses Neumondes ist, umso eher bezieht sich die übernommene Funktion auf den Familienverband und der Mensch ist kaum in der Lage, diese Rolle in einer selbstgewählten Form zu leben. Zudem befindet er sich in diesen Fällen oft auch im Zeichen der Radix-Sonne und verstärkt damit das eigene bekannte Potenzial. Die Auseinandersetzung mit den Erwartungen des Umfeldes erfolgt meistens an den Eckpunkten des Zyklus. Dies sind Zeiten, in denen man sich mit der Rolle auseinandersetzt («Warum muss ich immer?») oder sie abzulehnen beginnt. Da es aber eine saturnische Aufgabenstellung ist, die eben ihre etwa 28 Jahre dauert, ist die einzige Möglichkeit der Veränderung die Bewusstmachung, die Annahme der Funktion und ein konstruktiver Umgang damit. Dabei haben die Menschen, bei denen der erste Neumond nach der Geburt später beginnt, mehr Chancen, da sie älter sind und sich mit den Erwartungen auseinandersetzen können in Bezug auf die Art und Weise, wie sie diese erfüllen wollen. Hier zeigt sich die Rolle auch nicht nur im nahen Familienverband, sondern hat einen größeren Rahmen, vielleicht sogar eine gesellschaftliche Komponente, wie man es in den beiden Politiker-Beispielen sehen wird.

Der spirituelle Hintergrund dieses ersten Neumondes nach der Geburt ist als Idee die Aufgabe, die es zu erfüllen gilt, die Art und Weise, wie er sich zeigt, ist die Rolle, die dafür übernommen wird.

Wenn der erste Neumond nach der Geburt ins Radix-Sonnenzeichen fällt, identifiziert man sich eher mit dieser Rolle, sagt ja, das bzw. so bin ich.

Anders ist es, wenn er im der Radix-Sonne folgenden Zeichen stattfindet. Hier ist die Kombination wieder wichtig: Auf Radix-Art die saturnische Aufgabe angehen, denn wir haben als Werkzeug nichts als unser Radix-Potenzial.

Beim Bezug zum Radixhoroskop (Deutung als zusätzliches Deutungskriterium) bezieht man sich am besten wieder nur auf den Neumond in Zeichen und Haus sowie auf den AC und eventuelle dominante Planeten in Konjunktion zu den Achsen des Neumond-Horoskops.

Die Kurzformel für die Deutung lautet: Auf Radix-Art das Anliegen aus dem Neumond umsetzen, auf Radix-Art die entsprechende Rolle übernehmen.

Das Annehmen der saturnischen Aufgabe des ersten Neumondes nach der Geburt könnte als ganz persönlicher Text, quasi als Auftragsbestätigung, wie folgt aussehen:

1. «Als Ziel meiner Aufgabe sehe ich und möchte erreichen ...» (Neumond in Zeichen und Haus, AC und eventuelle dominante Planeten).
2. «Ich habe als Talent, um die Aufgabe zu erfüllen ...» (Radix-Sonne in Zeichen bzw. Haus und AC).

Die verschiedenen Rollen, in denen sich der erste Neumond nach der Geburt realisieren kann, bewirken, wie schon erwähnt, oft Vorwürfe und Erwartungen. So kann zum Beispiel der erste Neumond nach der Geburt im Widder als Vorwurf des dauernden Streitens erlebt werden oder sich aber auch in der Erwartung des Umfeldes an den Betreffenden zeigen, dass er mutig Dinge für sie erledigt, die sie nicht wagen. Es ist wohl leicht nachzuvollziehen, dass eine Radix-Sonne im Widder sich mit beiden Seiten leichter identifizieren kann als eine Fische-Sonne.

Der erste Neumond nach der Geburt im der Radix-Sonne folgenden Zeichen

Der erste Neumond nach der Geburt in den Zeichen lässt sich auf mehreren Ebenen betrachten, nämlich als Vorwurf, bewusste oder auch unbewusste Erwartung, als Aufgabe oder Idee. Es folgt ein entsprechender Rundgang durch den Tierkreis.

Widder

Vorwurf: der Egoist, der Rücksichtslose, der Streithammel.

Erwartung: der Kämpfer, der Mutige, der Handelnde, mach das für uns.

Die Idee als Aufgabe: Neues bringen, Klarheit schaffen, alte Muster beenden.

Kombination mit einer Fische-Sonne: sich für andere und deren Anliegen einsetzen, helfend aktiv sein.

Stier

Vorwurf: der Sture, der maßlos Genießende, der Besitzergreifende.

Erwartung: der Sinnliche, die Bank, auf der man abheben kann, der Sicherheit Gebende.

Die Idee als Aufgabe: die Natur schätzen und schützen, sich und das Leben wertschätzen und genießen, sinnlich begreifbare Werte schaffen.

Kombination mit einer Widder-Sonne: sich mutig für die Erhaltung und Sicherung von Werten einsetzen.

Zwillinge

Vorwurf: der Schwätzer, der Unzuverlässige, der Oberflächliche.

Erwartung: der Unterhalter, der Intellektuelle, der Pflegeleichte, der keine Sorgen macht.

Die Idee als Aufgabe: neue Gesichtspunkte bringen, die Dinge der Welt intellektuell analysieren.

Kombination mit einer Stier-Sonne: Wissen und Ideen konkretisieren und auf Machbarkeit und Wert überprüfen, Ideen sinnlich begreifbar machen.

Krebs

Vorwurf: das bedürftige Kind, der Hilflose, der Empfindliche, die Gluckenmutter.

Erwartung: kümmere dich um uns, schaff uns ein Nest, bleib bei uns.

Die Idee als Aufgabe: das Umfeld beseelen, Wärme und Nähe schaffen.

Kombination mit einer Zwillinge-Sonne: das aussprechen, was andere fühlen; reden oder schreiben über seelische Belange, der Therapeut.

Löwe

Vorwurf: der Egozentriker, der Blender, das ewige Kind, der Wichtigste.

Erwartung: der Erfolgreiche, der Künstler, das strahlende Kind, auf das man stolz sein kann, der Held.

Die Idee als Aufgabe: sich an der eigenen Person freuen, Selbstverständnis und die eigene Identität fördern.

Kombination mit einer Krebs-Sonne: auf einfühlsame und fantasievolle Art Eigenes zum Ausdruck bringen oder anderen dazu verhelfen.

Jungfrau

Vorwurf: der Hypochonder, der Kritiker, der Nörgler, der, der das Haar in der Suppe sucht und findet.

Erwartung: hilf uns, sei unser Aschenputtel, stell keine Ansprüche, sei ordentlich, erwarte nichts von uns, diene uns.

Die Idee als Aufgabe: wertfrei den Dingen oder Menschen im Umfeld ihren entsprechenden Platz geben.

Kombination mit einer Löwe-Sonne: sich mit dem, was man tut, identifizieren, mit ganzem Herzen bei seinen Aufgaben sein, die Königin im Hintergrund.

Waage

Vorwurf: die Eitle, du beziehst nie Position, du kannst nichts alleine.

Erwartung: sei nett, sei kultiviert, sei unser Vorzeigekind.

Die Idee als Aufgabe: Kultur vermitteln, Standpunkte verbinden, Kontakte herstellen.

Kombination mit einer Jungfrau-Sonne: Beziehungen, kulturellen Werten und Vereinbarungen (Verträge) ihre Einmaligkeit und Besonderheit geben.

Skorpion

Vorwurf: der Verschlossene, der Misstrauische, das schwarze Schaf, der Böse, der Manipulator.

Erwartung: deck unsere Geheimnisse auf, breche Tabus, sei mächtig oder sei ohnmächtig, bleib abhängig.

Die Idee als Aufgabe: im Umfeld verborgene Verbindungen und Hintergründiges erforschen und aufdecken, der Krisenmanager und der Tiefenpsychologe.

Kombination mit einer Waage-Sonne: auf schöngeistige Art Hintergründiges oder alte Weisheiten sichtbar machen.

Schütze

Vorwurf: der Besserwisser, der Missionar, der Großspurige, der Vielversprecher, der nichts hält, der Prediger.
Erwartung: beglücke uns, sei erfolgreich, du schaffst alles.
Die Idee als Aufgabe: Begeisterung wecken, Glauben und Sinn vermitteln.
Kombination mit einer Skorpion-Sonne: tief in alte Weisheitslehren und Weltanschauungen einsteigen und Gemeinsamkeiten entdecken.

Steinbock

Vorwurf: der «Radfahrer» (nach oben buckeln, nach unten treten), der Kalte, der «Aber-Sager», der Miesmacher, der Schuldige, der Moralist, der Pessimist.
Erwartungen: übernimm die Verantwortung, sei stark, gib uns Halt, regle die Dinge für uns.
Die Idee als Aufgabe: ein Vorbild sein für Eigenverantwortung und anderen dazu verhelfen, ihr Leben zu meistern, eine innere Autorität sein, überpersönliche Aufgaben übernehmen.
Kombination mit einer Schütze-Sonne: mit Begeisterung andere mitreißen zur Bewältigung von ehrgeizigen Zielen oder konkreten Vorhaben, Verbinden von Optimismus mit Realitätssinn.

Wassermann

Vorwurf: der Chaot, der Provokateur, der Spinner, der Exzentriker, der Revoluzzer.
Erwartung: befreie uns von alten Mustern, zeig neue Wege auf, lass frischen Wind herein, bring uns als Narr zum Lachen, sei etwas Besonderes.
Die Idee als Aufgabe: frischen Wind in verstaubte Stuben bringen, zukünftige Modelle entwickeln, Grenzen über-

winden für mehr Miteinander, Toleranz und Akzeptanz der Andersartigkeit.

Kombination mit einer Steinbock-Sonne: Ausdauer und Realitätssinn zum Erreichen von zukünftigen Zielen, Visionen konkret umsetzen können, Führung und Strukturierung von Teams.

Fische

Vorwurf: der Fantast, das ewige Opfer, der Heilige, der Schwache, der Looser.

Erwartung: opfere dich für uns, gib dich auf und helfe uns, sei gut und edel oder der Schuldige, schaff es nicht, bleib hilflos.

Die Idee als Aufgabe: die Welt ein bisschen liebevoller und menschlicher machen, Vertrauen in eine innere oder höhere Führung vermitteln, Fantasie und Bilder in die Welt bringen.

Kombination mit einer Wassermann-Sonne: auf individuelle, eigene Art und vielleicht mit neuen Konzepten den Menschen helfen, zu sich zu finden, der spirituelle Seelsorger.

Auch bei dieser Kombination zeigt sich – wie in den Beispielen des Neumondes vor der Geburt –, dass die zu Anfang schwierig erscheinende Vereinbarkeit der aufeinanderfolgenden Zeichen doch nützlich ist. Es verhindert ein Zuviel der gleichen Energie wie in den Fällen, in denen der erste Neumond nach der Geburt und die Radix-Sonne in das gleiche Zeichen fallen.

Betrachten wir nun ein paar Beispiele für den ersten Neumond nach der Geburt im der Radix-Sonne folgenden Zeichen. Als Erstes den ersten Neumond nach der Geburt von Joschka Fischer (Abb. 25).

Die Elementeverteilung in den Zeichen, also die Anlage, zeigt Folgendes: 30 Punkte Feuer, 28 Erde, 8 Wasser und keine Punkte in der Luft. Der mutige Kämpfer bleibt auch hier durch das viele Feuer und den Widder-AC erhalten. Aber der Stier-Neumond bringt doch etwas Bodenständiges, Reales dazu. Da sein Radix-

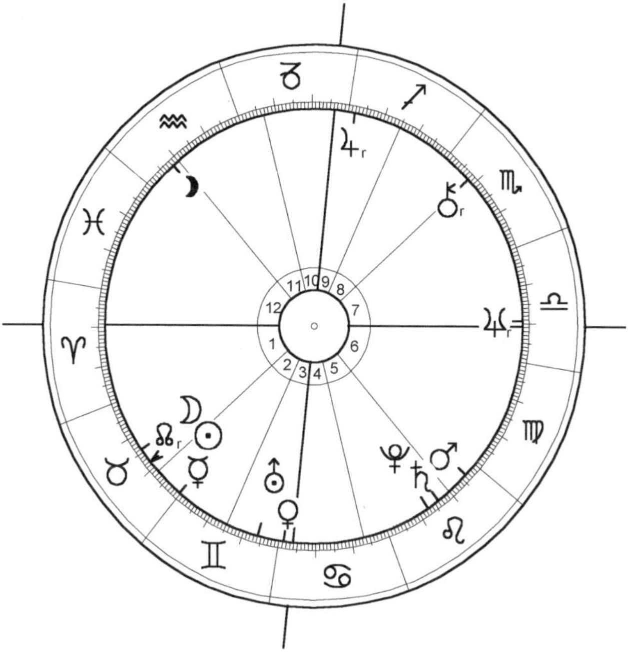

Abb. 25: Joschka Fischer, erster Neumond nach der Geburt, Daten, 9.5.1948, 2.30.06 Uhr, Gerabronn. Beginn: 3/1975; aufsteigendes Quadrat: 9/1981; Opposition: 2/1988; absteigendes Quadrat: 4/1995; Ende: 7/2002.

Mond auch im Stier und im 2. Haus steht, dürfte ihm die Rolle des Genießers nicht fremd gewesen sein. Weil Fischer schon 27 Jahre alt war, als dieser Neumond im März 1975 begann, bezog sich die Aufgabe und Funktion auch nicht mehr ausschließlich auf den engen Familien- und Sippenverband, sondern bekam in seinem Fall eine gesellschaftliche Dimension. Die Kombination von Widder und Stier prädestinierte ihn als Kämpfer für den Erhalt und Schutz von Natur und Umwelt. So fand er folgerichtig in der Partei «Die Grünen» seinen Platz.

Auch bei Maria, die schon weiter vorne als Beispiel herangezogen wurde, lässt sich die Bedeutung des Neumond-Horoskops (Abb. 26) gut verfolgen.

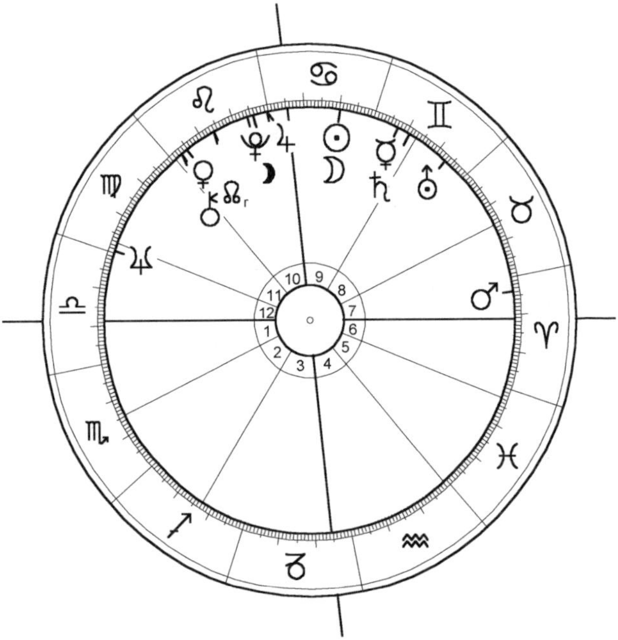

Abb. 26: Maria, erster Neumond nach der Geburt. Beginn: 11/1964; aufsteigendes Quadrat: 5/1972; Opposition: 11/1978; absteigendes Quadrat: 12/1984; Ende: 2/1992.

Die Auszählung der Elementeverteilung ergibt 22 Punkte Feuer, 24 Luft, 20 Wasser und Erde hat keine Punkte. Der Neumond begann im September 1964, Maria war 21 Jahre alt. Mit Beginn dieses ersten Neumondes nach der Geburt trat Maria ins Kloster ein und legte ihr erstes Gelübde ab. Der Neumond im Krebs ist unaspektiert im Haus der Weltanschauungen, dem 9. Haus. Ihre Bereitschaft, sich um andere zu kümmern, zeigte sich darin, dass sie Krankenpflegerin wurde. Sie hat sich wohl ehrlich bemüht, den strengen weltanschaulichen Regeln des Klosterdaseins gerecht zu werden und sich unterzuordnen, aber die «Querdenkerin» im Hintergrund blieb erhalten, trotz Waage-AC. So war es nicht verwunderlich, dass es zu Konflikten kam, und zwar in Bezug auf eine Haube, die vorgeschrieben war, aber nicht ihrem

«Geschmack» entsprach und die sie ablehnte. Ihre Rolle und Funktion als «weltanschauliche Seelsorgerin in Begegnungen» finden wir hier im Horoskop, aber in Kombination mit ihrer starken Zwillingskomponente im Radixhoroskop und dem etwas schwerer greifbaren Neumond (ohne weiteren Aspekt zu den sonstigen Planeten) war die Bereitschaft zur Erfüllung der Pflicht nach Vorstellungen anderer wohl nicht ganz ihre Sache. Sie erzählte, dass es immer um andere ging und dass dies für sie auch in Ordnung gewesen sei, sich so zurückzunehmen. Aber sie wollte es auf eigene Art und Weise tun, eben auf Zwillingsart mit eigenen neuen Ideen, was allerdings weltanschaulich nicht in das vorgegebene Konzept passte. In diesem Horoskop findet sich wieder die Merkur/Saturn-Kombination. Wir werden uns die Entwicklung dieses Themas im prognostischen Teil anschauen.

Als letztes Beispiel betrachten wir die Horoskope von Sigmund Freud, der im Zusammenhang mit C.G. Jung bereits ganz kurz erwähnt wurde. Der Vollständigkeit halber ist auch sein Neumond-Horoskop vor der Geburt abgebildet.

Die Elementeverteilung im Radixhoroskop von Sigmund Freud (Abb. 27) zeigt 8 Punkte Feuer, 18 Erde, 24 Luft und 16 Punkte Wasser. Beim Neumond vor der Geburt (Abb, 28) hingegen ist die Gewichtung teilweise etwas verschoben: Feuer hat immer noch 8 Punkte und Luft behält 24, Erde bekommt jedoch 28 und Wasser nur noch 6 Punkte.

Auch bei dem erstem Neumond nach der Geburt (Abb. 35) verschiebt sich die Punktzahl: Feuer erhält 6 Punkte, Erde 8, Luft 28 und Wasser verstärkt sich wieder auf 24 Punkte.

Der erste Neumond nach der Geburt begann im August 1883. 1881 hatte Sigmund Freud sein Medizinstudium mit einer Promotion über «Das Rückenmark niederer Fische» abgeschlossen und war von 1882 bis 1885 im Krankenhaus in Wien an der Entdeckung der schmerzstillenden Wirkung von Kokain beteiligt. Im Neumond-Horoskop findet man einen Fische-AC mit dominantem Neptun. Freud wendet sich nun

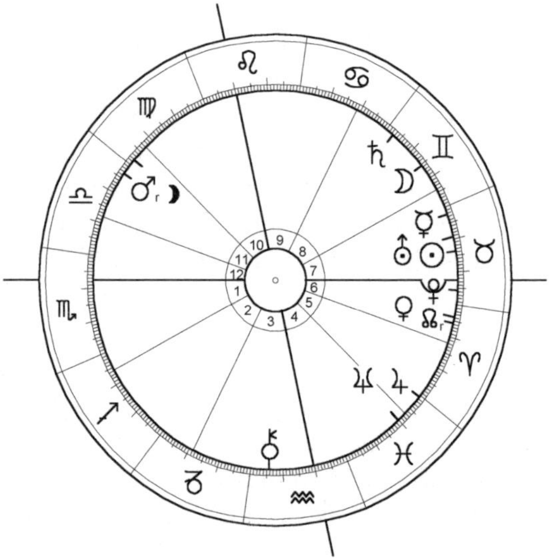

Abb. 27: Sigmund Freud, Radix, 6.5.1856, 18.30 Uhr; Freiberg/ Mähren

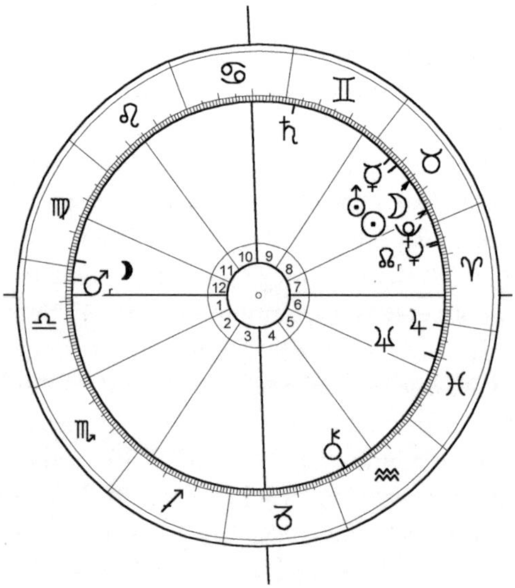

Abb. 28: Sigmund Freud, Neumond vor der Geburt, 4.5.1856, 14.42.07 Uhr; Freiberg/Mähren

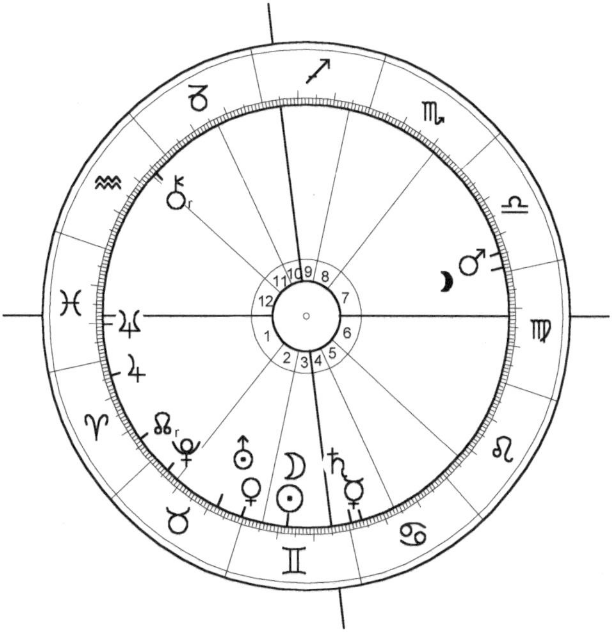

Abb. 29: Sigmund Freud, erster Neumond nach der Geburt, 2.6.1856, 23.39.29 Uhr, Freiberg/Mähren. Beginn: 8/1883; aufsteigendes Quadrat: 8/1890; Opposition: 12/1897; absteigendes Quadrat: 7/1904; Ende: 12/1910

von der rein organischen Medizin ab und beschäftigt sich in Paris speziell mit Frauen, die seelische Erkrankungen haben. Dies war der Beginn seiner eigenen Forschungen. Mit seiner Stier-Sonne im Radixhoroskop im 7. Haus und dem Skorpion-AC bezogen sich seine Interessen (Zwillinge-Neumond im 3. Haus) an seelischen Belangen (Fische-Neumond-AC mit dominantem Neptun) hauptsächlich auf verdrängte sexuelle Muster als Ursache oder Hintergrund von psychischen Erkrankungen.

Der erste Neumond nach der Geburt im gleichen Zeichen wie die Radix-Sonne

Hier fällt die Unterscheidung zwischen Aufgabe oder Funktion für das Umfeld und der eigenen Persönlichkeit verständlicherweise schwerer. Man übernimmt die Rolle, die einem zugeteilt wird, bereitwilliger. Deshalb ist hier der Übergang zum individuellen zweiten Neumond nach der Geburt oft schwieriger, und die Aufgabe des ersten Neumondes nach der Geburt loszulassen, fällt manchmal nicht leicht, da man sich ganz mit ihr identifiziert hat. Es ist in der Beratung deshalb besonders wichtig, den Menschen zur Unterscheidung zu verhelfen zwischen der Funktion im Familien- und Sippenverband und der Art und Weise, wie man selbst diese Aufgabe angehen möchte.

Bei Konstantin Wecker, dessen Horoskope bereits untersucht wurden, befinden sich Radix-Sonne und der erste Neumond nach der Geburt (Abb. 30) im gleichen Zeichen.

Die Elementeverteilung ergibt 6 Punkte Feuer, 8 Erde, 38 Luft und 14 Punkte Wasser. Der Zwillings-Neumond intensiviert die Radix-Anlage, auch mit seiner Stellung im 5. Haus, ferner betonen der Wassermann-AC und der Neumond in Konjunktion mit dem Uranus das kreativ-luftige Thema.

Die Aufgabe könnte man folgendermaßen zusammenfassen: Mittels neuer Ideen und in Worten (Zwillinge-Sonne im Radixhoroskop), als Sprach- oder Stimmkünstler (Sänger mit eigenen Texten und Liedern – Zwillinge-Neumond im 5. Haus und Löwe-AC im Radixhoroskop) die Menschen aufrütteln und die Gesellschaft revolutionieren (Wassermann-AC im Neumond-Horoskop).

Konstantin Wecker ist zu Beginn dieses Neumondes 17 Jahre alt, es ist Ende 1964. Die studentische Jugend ist im Aufruhr gegen das «Establishment», was in die 68er-Unruhen mündet. Zu dieser Generation der «Revoluzzer» gehört er und gehören seine Lieder.

Auch hier bezieht sich die Funktion wieder eher auf die Ge-

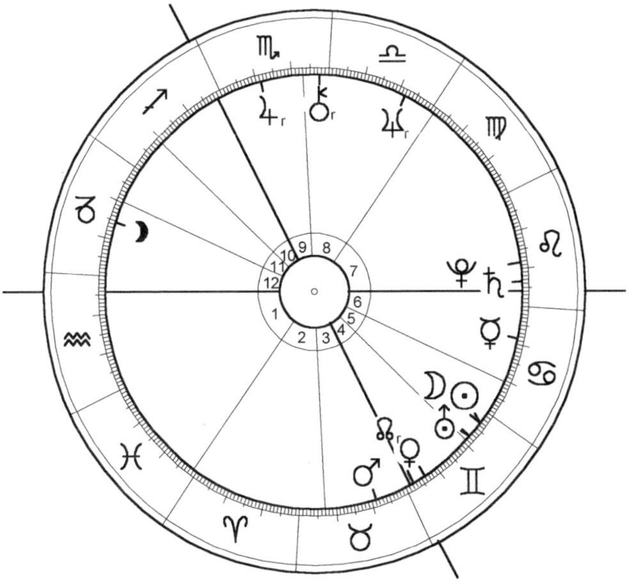

Abb. 30: Konstantin Wecker, erster Neumond nach der Geburt, 18.6.1947, 21.26.04 Uhr, München. Beginn: 12/1964; aufsteigendes Quadrat: 2/1971; Opposition: 4/1978; absteigenden Quadrat: 10/1985; Ende: 5/1992

sellschaft und nicht ausschließlich auf den privaten Bereich, obwohl natürlich auch dieser in solchen Zeiten revolutioniert werden sollte (WGs, «Wer zweimal mit derselben pennt, gehört schon zum Establishment» usw.)

In einer Beratung ist es als Hintergrundinformation also wichtig zu wissen, welche Rolle der Betreffende als Erwartung vom Umfeld spielen soll. Das Gespräch kann dann dazu führen, aus der fremdbestimmten Art und Weise auszusteigen und die Verantwortung für die Funktion zu übernehmen.

Der erste Neumond nach der Geburt als Information für die Prognose

Der erste Neumond nach der Geburt hat als Thema einen Anfang und ein Ende, folgt also dem zyklischen Verlauf wie im Anfangsteil beschrieben. Das Jahr, in dem er beginnt, lässt sich errechnen, indem man in den Ephemeriden die Tage bis zum schwarzen Kreis (Symbol für den Neumond) nach dem Geburtstag mit Jahren gleichsetzt. Der Monat ergibt sich aus dem Weg des progressiven Mondes bis zur exakten Konjunktion mit der progressiven Sonne. Dabei entspricht 1° in der Bewegung des Mondes etwa einem Monat. Wenn das Ereignis noch vor einem liegt, empfiehlt es sich sogar, den genauen Tag zu berechnen, um vielleicht diesen «Vertrag» oder «Auftragsbestätigung» in einem Ritual zu zelebrieren. Es wird schließlich eine neue Idee empfangen, ein Samen gelegt, und je genauer man sich mit dieser Idee auseinandersetzt, umso bewusster kann man eigenverantwortlich beim Wachsen diese Aufgabe mitgestalten. Die Berechnung erfolgt mit der Technik der Sekundär-Progression.[10]

Ansonsten ist es für die Prognose nicht von Bedeutung das genaue Datum zu errechnen, denn es sind Phasen, die hier angesprochen sind, keine genauen Auslösungen wie etwa bei Transiten.

Wenn man die Gradzahl, auf der der erste Neumond nach der Geburt steht, berechnet hat, sieht man in jedem Jahr nach diesem Beginn an der Stellung des progressiven Mondes, in welcher Phase dieses Zyklus sich der Mensch befindet. Der Anfangspunkt ist immer die Gradzahl des Neumondes, nicht etwa die Stellung der progressiven Sonne und das Verhältnis des progressiven Mondes zu ihr.

Dies wird als Opposition, also als größter Abstand zwischen

10 Ernst Ott, *Lebensweg-Analyse – Lehrbuch der astrologischen Progressionen*, Tübingen, 2001.

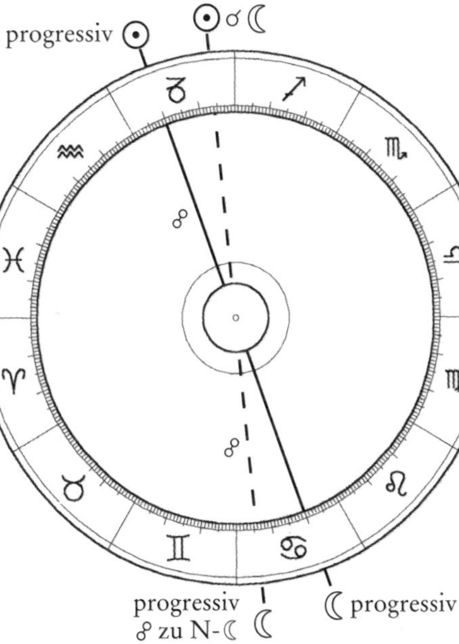

Abb. 31: progressive Sonne auf 20° Steinbock, progressiver Mond auf 20° Krebs, Neumond auf 6° Steinbock / Oppositionspunkt des progressiven Mondes zu diesem Punkt 6° Krebs. Die Opposition des progressiven Mondes zum Beginn des Zyklus bei Neumond ist etwa ein Jahr vor der progressiven Vollmondstellung, der Opposition der progressiven Sonne und des progressiven Mondes.

den beiden Lichtern und damit als Aufforderung zur Bewusstwerdung gedeutet.

Falls man den ersten Neumond nach der Geburt als Themenstellung in seinem zyklischen Verlauf mit den wichtigen Eckpunkten mit in die Prognose einbeziehen will, hat der progressive Mond die Opposition zum Anfangspunkt etwa schon ein Jahr früher überschritten. Denn wenn sich der progressive Mond in Opposition zur progressiven Sonne befindet, hat die

Konjunktion etwa 14 Jahre vorher stattgefunden, die Sonne stand also etwa 14° hinter ihrem jetzigen Stand im Tierkreis. Dies ist eine über den Daumen gepeilte Berechnung, die bei den Phasen aber erlaubt ist. Sobald man das Horoskop des ersten Neumondes vor der Geburt berechnet vorliegen hat, weiß man allerdings die genaue Gradzahl der Konjunktion und kann den Zykluspunkt des progressiven Mondes dazu genau analysieren.

Bei einer Jahrestrend-Besprechung könnte man jetzt in etwa die Zeiten der Wendepunkte abschätzen und somit den Klienten fragen, was vor etwa einem Jahr war (Opposition zum Neumond), ob sich vor etwa acht Jahren in Bezug auf das Thema des Familien-Neumondes Ereignisse ergeben haben (aufsteigendes Quadrat), oder man fragt ihn nach Erinnerungen an Wichtiges vor etwa 15 Jahren (Konjunktion und Beginn des ersten Neumondes nach der Geburt). Inhaltlich formuliert man die Frage in Bezug auf die Themenstellung im ersten Neumond nach der Geburt.

Wenn der Betreffende zu Beginn des Neumondes noch ein Kind ist, fehlen oft konkrete Erinnerungen oder zumindest ist die emotionale Betroffenheit vergessen. Es sind manchmal Ereignisse, wie z.B. die Geburt eines Geschwisters, die Mutter geht wieder arbeiten, Kindergarten- oder Schuleintritt, Umzug, Trennung oder Krise der Eltern usw. Dies sind Erlebnisse, die das Kind nicht bewusst verarbeiten kann, die es aber zu diesem Neubeginn des Familien- und Sippen-Neumondes oft als «erwachsen werden müssen» erlebt. Es wird in eine Rolle hineingedrängt und muss Funktionen und Aufgaben übernehmen, die seine Umwelt erwartet. Das müssen nicht unbedingt Verantwortlichkeiten sein, die freiwillig oder selbstverständlich übernommen werden, sondern es kann sich auch in einer Rolle der Belastung z.B. für die Eltern zeigen. Man wird zum «Streithammel», zum «schwarzen Schaf», zum empfindsamen oder gar kränkelnden Kind, zum «Sündenbock» usw.

Die Phase des aufsteigenden Quadrats – die Krise mit der Außenwelt

Häufig erfolgen die Auseinandersetzung oder Abwehr oder auch die absichtliche Übernahme der Rolle («Dann bin ich eben, was ihr von mir denkt.») erst mit dem aufsteigenden Quadrat. In dieser Phase wird der junge Mensch oft von außen herausgefordert, sich dieser Funktion zu stellen. Hier findet man dann auch eher Ereignisse, an die man sich erinnert. Im Naturzyklus ist jetzt Frühling, alles bricht durch, zeigt sich und will sich einen Platz erobern.

Die Phase der Opposition – Wendepunkt zur Bewusstwerdung

Mit der Opposition, nun ist der Betreffende mindestens 14 Jahre alt, kommt meist die Konfrontation und damit die Chance, aus der unbewusst übernommenen Rolle auszusteigen. Manchmal zeigt sich aber auch eine Art Resignation, besonders wenn die Radix-Anlage mit dem ersten Neumond nach der Geburt übereinstimmt, und man verhält sich betont so, wie es von der Umwelt erwartet wird. In der Natur ist analog zu dieser Phase Hochsommer, alles, was zu Beginn im Samen enthalten war, ist jetzt voll zu sehen, sei es die schöne Blüte, die sich bei entsprechender Pflege entwickelt hat, sei es das Unkraut.

Die Phase des absteigenden Quadrats – die Krise im Inneren

Beim absteigenden Quadrat, mit frühestens 21 Jahren, stellt sich erneut das Thema der Ablösung aus der Erwartung des Familien- und Sippenverbandes. In dieser Phase ist es oft eine innere Auseinandersetzung des Betroffenen, manchmal begleitet von Scham oder Schuldgefühlen in Bezug auf das Beenden der übernommenen Rolle. Es ist eine Zeit der Reflexion über vergangene Ereignisse und wie man sich in ihnen verhalten hat. Oft ist der äußere Erwartungsdruck besonders stark, es geht um Ablösung und Ausstieg, aber das Umfeld lässt es nicht zu. Die Chance ist hier, aus den gemachten Erfahrungen zu lernen und nicht mehr automatisch auf die Forderungen zu reagieren. Die Gefahr zeigt sich in einer inneren Krise, einer Art Hilflosigkeit, manchmal auch in einer Rebellion, lautstark, emotionsgeladen, mit Vorwürfen usw., die dann aber aus Schuldgefühlen oder aus Mangel an Alternativen wieder in der alten Rolle endet. Diese Phase entspricht im Vorbild des Naturzyklus der Ernte. Ab jetzt soll Bilanz gezogen werden, die Erfahrungen sollen ausgewertet werden in Bezug auf Bewahren oder Verwerfen von bestimmtem Verhalten. Noch ist die Aufgabe nicht erfüllt. Erst nach weiteren etwa sieben Jahren wird der progressive Mond an seinem Ausgangspunkt angekommen sein.

Von diesem Punkt des absteigenden Quadrates aus gesehen nimmt der Mond immer weiter ab, er hat alles abgegeben, was er empfangen hat, verinnerlicht die Erfahrungen, verwertet sie und macht sich wieder leer für die nächste Zeugung, für den nächsten Zyklus. Bei manchen Menschen beginnt deshalb oft schon hier oder kurze Zeit später die sogenannte Dunkelmond- oder Leermond-Phase. Dazu mehr im nächsten Abschnitt.

Für Klienten, die zu dieser Zeit in die Beratung kommen, ist es deshalb wichtig, Unterstützung in der Auswertung der Vergangenheit zu finden. Oft ziehen sie nur eine negative Bilanz und vergessen die wichtigen Erfahrungen, die sie machen konnten, auch im Hinblick darauf, wie sie die Rolle nicht weiter erfüllen wollen, weil es nicht ihrer Intention entspricht. Aus dem Hintergrund dieser Auswertung und dem Nutzen der Ergebnisse heraus kann nämlich wieder ein Wendepunkt stattfinden, der nun in der Abschlussphase die Bewältigung der Aufgabe nach eigenen Maßstäben ermöglicht.

Manchmal hört man Klagen von Betroffenen, die sehr jung und unbewusst in diese Rolle gedrängt wurden, und sie wünschen sich, älter gewesen zu sein. Dies sind in der Regel Menschen, bei denen die Radix-Sonne im gleichen Zeichen steht wie der erste Neumond nach der Geburt und die sich sehr mit ihrer Funktion identifiziert haben. Sie brauchen deshalb häufig in der Dunkelmond-Phase oder nach Beendigung der Aufgabe die Bestätigung, dass es in Ordnung ist, aus der Rolle auszusteigen und sich neuen Themen zuzuwenden. Ein weiterer Trost für sie ist es, dass sie eben auch in noch jungen Jahren mit ihrer Aufgabe «fertig» sind und sich dann endlich auf sich konzentrieren können.

Darum werden sie häufig «beneidet», gerade von den Menschen, bei denen der erste Neumond nach der Geburt später beginnt. Diese wären auch gerne schon «fertig». Allerdings haben sie wiederum die Chance, sich bewusster mit den Erwartungen auseinanderzusetzen, um eigene Möglichkeiten der Erfüllung zu finden. Manchmal erleben sie sich selbst als «Spätzünder», als jemand, dessen Kinder- und Jugendzeit noch nicht in dem Maße von der Realität und den Bedingungen hier betroffen war. Bei Menschen, die älter sind bei der Übernahme der Funktion, dehnt sich die Aufgabe häufig über den Familien- und Sippenverband hinaus aus. Auch können Ereignisse im Umfeld den Beginn für etwas kennzeichnen, Ereignisse, an die man sich bessern erinnern kann und bei denen man sich vielleicht nicht so hilflos und ausgeliefert vorkam.

Unabhängig vom Anfangszeitpunkt verläuft die zyklische Entwicklung des Neumond-Themas mit den Eckpunkten als Herausforderung, sich der Aufgabe zu widmen oder zu stellen, genau gleich ab.

Mit dem Saturn-Zyklus zu sich selbst sind wir mit allen anderen Menschen in einen etwa 28 Jahre dauernden kollektiven Rhythmus eingebettet. Mit dem ersten Neumond nach der Geburt, der ja einen ähnlichen zeitlichen Rahmen hat, haben wir nun aber einen ganz individuellen 28-jährigen Zyklus, je nachdem wann er beginnt.

Bei allen nun folgenden Beispielen beziehen sich die Auslösungen auf das Horoskop des ersten Neumondes nach der Geburt.

Dieser erste Neumond nach der Geburt beginnt etwa im März 1975, Fischer ist 27 Jahre alt. Noch ist er der streitbare Genosse, doch bereits 1977 wendet er sich nach den Erfahrungen bei der Schleyer-Entführung von den radikalen Vorstellungen ab. Nach seinen eigenen Angaben leiten diese Ereignisse einen Erkenntnisprozess bei ihm ein, den er als «Illusionsverlust» und «Illusionsabschliff» bezeichnet.

Mit dem Neumond im Stier und im 2. Haus ist er für seine Rolle als Kämpfer für den Erhalt von Natur und Umwelt prädestiniert, und so tritt er in der Phase des ersten aufsteigenden Quadrats, das im September 1981 exakt ist, in die Partei «Die Grünen» ein (Anfang 1982). 1988 bei der Opposition des progressiven Neumondes zur Ausgangsstellung ist Fischer bereits im Hessischen Landtag und wird nach dem Scheitern der Koalition Fraktionschef der Grünen. Er veröffentlicht die Schriften *Regieren geht über studieren, Der Ausstieg aus der Atomenergie ist machbar* (übrigens ein Thema des Gegenzeichens Skorpion) und *Der Umbau der Industriegesellschaft.* In der Folgezeit «macht» er seine Partei «regierungsfähig», bringt sie auf den Boden der Tatsachen, wird oder zeigt sich als «Realo», indem er z.B. die Rotation abschafft und einen Parteivorsitzenden für seine Partei fordert. Für ihn ist jetzt in den Vordergrund gerückt, was sich von den Idealen, mit denen die Partei angetreten ist, wirklich in realer, konkreter Politik verwirklichen lässt. Er muss hier viele Konfrontationen aushalten und zeigt sich als Kämpfer für Machbares. Im Frühjahr 1995 (absteigendes Quadrat) initiiert er seine Parteigenossen zu einer Diskussion über das Thema «grüne Mittelstandspolitik». Es geht nicht mehr nur um radikale Forderungen, sondern darum, wie man die Basis der Produktion erhält, ohne sie zu überfordern, ein sehr konkreter Ansatz, der der Stiersymbolik entspricht. Kurze Zeit später trennt er sich von seiner Ehefrau und auch von seinem sinnlich-genießerischen Lebenswandel (er hatte in den letzten

Jahren viele Pfunde angehäuft, auch eine Entsprechung dieses Neumondes), lebte sehr asketisch und verlor viel an Gewicht.

Im Jahre 2002 war dieser erste Neumond nach der Geburt beendet und damit die Rolle und Funktion, die Fischer in seiner Partei übernommen hatte. Er wandte sich, sehr zum Leidwesen seiner ehemaligen Genossen, immer mehr von den anfänglichen Idealen ab. Möglicherweise verursachte ihm das private Probleme, dazu müsste man ihn persönlich befragen, aber die Rolle und die Funktion des ersten Neumondes nach der Geburt war beendet.

Maria

Sie war zu Beginn des ersten Neumondes nach der Geburt 21 Jahre alt und trat zu diesem Zeitpunkt ins Kloster ein, eine «Familie» mit bestimmten Erwartungen an die zu erfüllende Rolle.

Die Zeit des aufsteigenden Quadrats (exakt im Mai 1972) war von Krisen geprägt.

Ihre Mitschwestern saßen in einem Konvent über sie Gericht wegen der von ihr abgelehnten Haube (Waage-AC im Neumond-Horoskop: Diese gefiel ihr eben nicht!). Zusätzlich zum Quadrat des progressiven Mondes zum Neumond bildete Uranus in dieser Zeit eine Konjunktion zum AC im Neumond-Horoskop und Jupiter eine Opposition zum Neumond. Für Maria sicher eine spannungsreiche Zeit, in der sie sich mit der geforderten Rolle auseinandersetzen musste. Die Anspannung zeigte sich auch in starken Ekzemen.

Kurz danach – 1973 – wurde sie versetzt, der Mondknoten transitierte gerade den Neumond, aber auch an ihrer neuen Stelle wurde sie als Rebellin abgestempelt.

Nach weiteren Versetzungen und Turbulenzen wurde sie Ende Oktober 1975 durch Rom von ihren Gelübden entbunden. Der Transit-Pluto bildete gerade ein exaktes Quadrat zu ihrem Neumond – etwas Altes ging zu Ende, damit etwas Neues beginnen konnte – und Jupiter stand genau auf dem DC des Neumond-Horoskops – von ganz «oben» bekam sie die Erlaubnis, nach einem neuen Sinn und Inhalt in ihrem Leben zu suchen.

Während der Opposition des progressiven Mondes zum Neumond (exakt im November 1978) zog sie um und trat ihre erste selbst gewählte Stelle an, weiterhin im sozialen Dienst, aber nicht mehr konfessionell gebunden.

Beim Zykluspunkt des absteigenden Quadrats (exakt im Dezember 1984) musste sie sich auf der physischen Ebene mit ihrer Rolle auseinandersetzen, sie kam wegen Magenblutens (Magen entspricht dem Zeichen Krebs) ins Krankenhaus, und auch der Abschluss dieses Neumond-Themas (exakt im Februar 1992) erfolgte durch eine Operation am Darm wegen Darmverschlingung (16.2.1992). Da der Darm auch etwas mit dem zu tun hat, was wir in uns aufnehmen, kann man ihn in diesem Fall dem Krebs-Thema zuordnen. So könnte man sagen, dass ihr Körper ihr gezeigt hat: «Jetzt ist Schluss, ich mache dicht.»

Konstantin Wecker

Ende 1964 begann sein erster Neumond nach der Geburt in den Zwillingen. Mit seinem Wassermann-AC und Uranus in Konjunktion zum Neumond passte sein Neumond-Thema gesellschaftlich genau in die Zeitqualität der Studentenunruhen, bei denen es um die Erneuerung oder Abschaffung alter hierarchischer Strukturen ging. Bis zum aufsteigenden Quadrat Anfang 1971 studierte Wecker Psychologie und Philosophie, baute aber nebenher seinen künstlerischen Werdegang auf. Bei der Opposition des progressiven Mondes zum Ausgangspunkt 1978 erhielt er 1977 den «Deutschen Kleinkunstpreis», 1978 den «Deutschen Schallplattenpreis» und 1979 den «Ernst-Hofrichter-Preis». Er war in dieser Phase auf dem Höhepunkt seiner Karriere. 1980 zog er sich für eine «künstlerische Pause» in die Toskana zurück und eröffnete mit Beginn des absteigenden Quadrates 1985 seine Musikkneipe «Kaffee Giesing» in

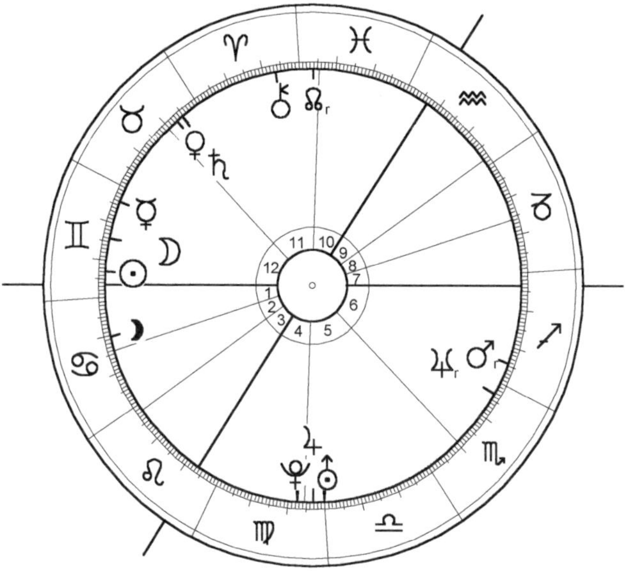

Abb. 32: Steffi Graf, Radix, 14.6.1969, 4.40 Uhr, Mannheim

München, die mit dem Ende dieses Neumond-Zyklus schließt (1992/93).

Die Folgen seiner Kokainsucht holten ihn in der Dunkelmond-Phase ein, er wurde verurteilt und kam in Haft. Allerdings sagt er selbst, dass die Verhaftung ihm das Leben gerettet habe.

Ein weiteres Beispiel ist Steffi Graf, die bisher noch nicht erwähnt wurde. Ich möchte jedoch an dieser Stelle nur auf ihren ersten Neumond nach der Geburt mit der zyklischen Entwicklung eingehen.

Die Elementeverteilung in den Zeichen im Radixhoroskp von Steffi Graf (Abb. 32) ergibt 8 Punkte Feuer, 20 Erde, 38 Luft und keinen Punkt Wasser.

Beim ersten Neumond nach der Geburt (Abb. 33) zeigt die Verteilung der Elemente weiterhin 8 Punkte Feuer und 20 Erde,

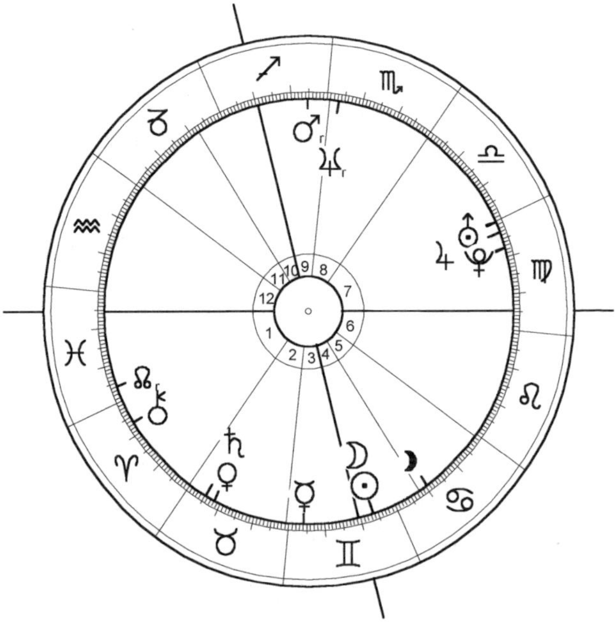

Abb. 33: Steffi Graf, erster Neumond nach der Geburt, 14.6.1969, 23.08.32 Uhr, Beginn: 4/1970; aufsteigendes Quadrat: 10/1977; Opposition: 3/1984; absteigendes Quadrat: 4/1990; Ende: 7/1997

aber bei Luft nur noch 28, dafür hat Wasser jetzt 10 Punkte erhalten. Schon wenige Stunden nach ihrer Geburt war wieder Neumond am Himmel. In der progressiven Berechnung war es April 1970, Steffi also noch ein Säugling, als bereits ihr Familien- und Sippen-Neumond begann. Es ist leicht nachzuvollziehen, dass sie somit keine bewusste Entscheidungsmöglichkeit hatte, wie sie die von außen von ihr erwartete Rolle gestalten konnte.

In diesem Horoskop hat sie einen Fische-AC und den Neumond dominant am IC im 4. Haus. Wenn man dieses Haus als «Vaterhaus» ansieht, was sich in vielen meiner Beratungen bestätigt hat, könnte man diese Neumond-Stellung als eine Bereitschaft deuten, sich an die Ideen und Vorstellungen des Vaters

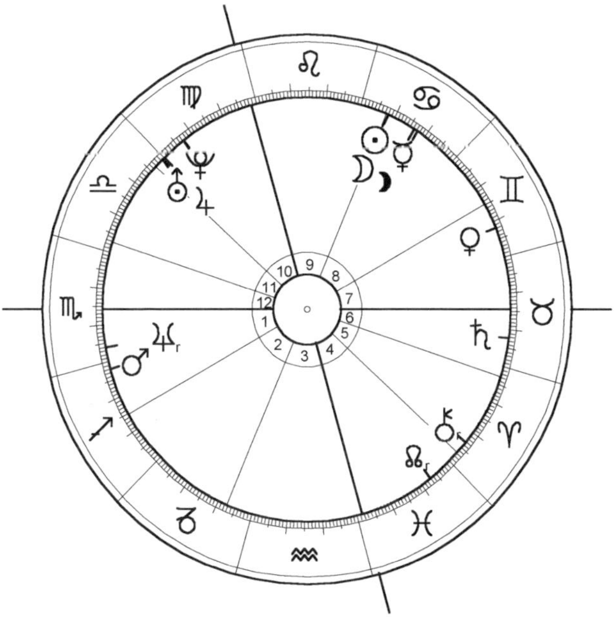

Abb. 34: Steffi Graf, zweiter Neumond nach der Geburt, 14.7.1969, 14.11.20 Uhr, Mannheim Beginn: 11/1999

anzupassen, in ihrer Rolle und Funktion innerhalb des Familienverbandes. Es kommt auch immer wieder vor, dass ein Fische-AC oder der Neumond in diesem Zeichen als Gefahr eine Bereitschaft mitbringt, sich den Wünschen und Erwartungen der Familie zu «opfern» oder «hinzugeben».

1973 schenkt der Vater ihr den ersten Tennisschläger und beginnt mit dem Training. 1977 gibt er seinen Beruf auf, um sich ganz auf ihre Karriere zu konzentrieren. Jetzt ist die Zeit des ersten aufsteigenden Quadrats gekommen und Steffi ist ganz den Plänen des Vaters verpflichtet. Von 1984 (Opposition) bis 1989 steigt sie in der Weltspitze bis auf Platz eins der Weltrangliste. Dann kommt mit dem absteigenden Quadrat 1990 ein Einbruch, sie fängt sich aber wieder und das Jahr 1995 wird für sie sehr erfolgreich, sie wird «Weltmeisterin 1995» und «Spielerin des Jahres 1995». Ihr Vater ist inzwischen inhaftiert. Mit ihrem siebten Sieg in Wimbledon feiert sie 1996 ihren 100. Turniersieg und 1997 ist das Thema des ersten Neumondes nach der Geburt beendet, die Dunkelmond-Phase beginnt. In dieser Zeit erlebt sie nach einer Verletzungspause die höchste Niederlage in ihrer Karriere und gibt 1999 (Ende der Dunkelmond-Phase und Beginn des zweiten Neumondes nach der Geburt) ihren Rücktritt vom Profisport bekannt. 2001 heiratet sie Andre Agassi und bringt im Oktober ihren ersten Sohn zur Welt.

Der zweite Neumond nach der Geburt befindet sich im Krebs im 9. Haus, eine Übersetzung wäre: ein Zuhause im Ausland. Steffi Graf zieht sich in ihr Privatleben zurück und widmet sich ihrer Familie.

An ihrer Karriere mit den Eck- und Wendepunkten kann man gut die Entwicklung ihres Familien- und Sippenthemas vom Beginn bis zum Ende nachvollziehen.

In dem Horoskop für den zweiten Neumond nach der Geburt (Abb. 34) wird Wasser zum stärksten Element. Die Verteilung sieht wie folgt aus: Feuer 8 Punkte, Erde 12, Luft 8 und Wasser 38 Punkte.

Die Dunkelmond-Phase zwischen dem ersten und dem zweiten Neumond nach der Geburt

Da der Neumond vor der Geburt nicht dem Verlauf der zyklischen Phasen folgt, er somit nicht vor dem Beginn des ersten Neumondes nach der Geburt endet, gibt es hier keine Übergangs- keine Dunkelmond-Phase. Die Dunkelmond-Phase beginnt also spätestens mit dem Ende des ersten Neumondes nach der Geburt, wenn der progressive Mond in seinem Umlauf wieder am Anfangspunkt angekommen ist. Der Zyklus ist zu Ende, der Mond hat in der zunehmenden Hälfte alles abgegeben, was er empfangen hatte, in der abnehmenden Phase die Erfahrungen verinnerlicht und ist nun ganz leer, um die nächste Idee zu empfangen, daher auch die Bezeichnung «Leer-Mond» für diese Zeit des Zyklus. Wenn wir diese Phase des Neumondes als Idee mit dem konkreten Umlauf des Mondes am Himmel vergleichen, ist dieser jetzt nicht mehr sichtbar, er ist ganz dunkel. Um das Beispiel vom Liebespaar noch einmal aufzugreifen, wartet Herr Sonne schon im Schlafzimmer und Frau Mond macht sich fertig, zu ihm zu gehen, um die Vereinigung zu vollziehen. Sie ist ganz offen und bereit, die Idee zu empfangen, um dann die wichtige Funktion des «In-die-Welt-Abstrahlens» zu übernehmen.

Bei vielen Menschen beginnt diese Dunkelmond-Phase oft schon einige «progressive Tage» und damit Jahre vor dem eigentlichen Ende des Zyklus. Analog zum Naturgeschehen ist der Mond am Himmel nur noch eine schmale Sichel, fast schon verschwunden; das Ende naht, und so fühlt es sich dann auch für die Betroffenen an, die sich in dieser Zeit des Zyklus befinden. Etwas Vertrautes geht zu Ende. Je mehr sich jemand mit der Rolle des ersten Neumondes nach der Geburt identifiziert hat, umso mehr ist er irritiert, dass nicht alles ganz selbstverständlich so weiterläuft wie vielleicht in den letzten 25 bis 27 Jahren. Die Rolle ist schließlich sehr vertraut geworden, man kennt sie und weiß nun nicht, was mit einem los ist. Auch das Umfeld reagiert oft ungehalten, denn eigentlich ist doch alles wie immer. Was ist bloß los?

Ich habe viele Klienten, die in dieser Zeit zu mir in die Beratung kommen, und auch bei unseren Astrologie-Studenten und -Studentinnen gibt es eine große Anzahl, die gerade jetzt den Wunsch haben, sich astrologisch näher mit sich zu beschäftigen. Sie sind auf der Suche, nicht nur nach einem neuen Beruf, sondern nach sich selbst oder zumindest nach Antworten auf ihre Fragen nach den Hintergründen dieser erlebten Irritation. Bei der Ausarbeitung eines Jahrestrends sehe ich an der Stellung des progressiven Mondes dieses Zyklusende und bereite dann auch den zweiten Neumond nach der Geburt für die Beratung vor. Der wird nun für jeden in einem unbekannten Zeichen sein, entweder eins oder sogar zwei Zeichen nach dem der Radix-Sonne.

Diese Übergangsphase vom ersten zum zweiten Neumond nach der Geburt wird demnach oft wie die Vorbereitungszeit zu einer Neugeburt erlebt. Bildlich gesprochen erfolgt die Abnabelung vom «Familien- und Sippen-Neumond» mit dem Beginn des «individuellen Neumondes», in dem es um die eigene seelische Weiterentwicklung geht. Somit könnte man diesen Anfang tatsächlich als eine «Geburt ins Eigene» beschreiben, und im Gegensatz zur Säuglingsgeburt kann man diesen Vorgang nun bewusst miterleben und mitgestalten, es ist eine Geburt mitten im Leben. Die Zeit im «Mutterleib», als man an der Nabelschnur des Sippen- und Familien-Neumondes hing, ist endgültig mit der Rückkehr des progressiven Neumondes an den Ausgangspunkt vorbei – die Geburt beginnt mit den ersten «Wehen».

Bis zur Geburt, dem Anfang des zweiten Neumondes nach der Geburt, werden zweieinhalb bis drei Jahre vergehen, eine Zeit, die auffordert, Bilanz zu ziehen, die gemachten Erfahrungen auszuwerten und zu verinnerlichen, um sich ganz leer zu machen für das Neue, das da kommen wird.

An seine Geburt kann man sich in der Regel nicht erinnern, so hat man jetzt die Chance, eine Neugeburt mitten im Leben bewusst wahrzunehmen. Und dazu gehört auch, die Erfahrungen im «Mutterleib» des ersten Neumondes nach der Geburt nicht zu vergessen. Die Dunkelmond-Phase ist die passende Zeit, um Bilanz zu ziehen. Im Jahreszyklus wären wir jetzt im November, im Zeichen Skorpion. Auch hier wird alles Unwesentliche verworfen, das Fruchtfleisch eines Apfels z.B. verfault, was bleibt, ist die wesentliche Information im Kern. Er enthält alles, was für einen neuen Wachstumszyklus nötig ist. Im Zeichen Schütze wird daraus die Idee, die Hoffnung auf eine neue Zukunft. Die Geburt und damit die Konkretisierung der Idee beginnt mit der Wintersonnenwende im Zeichen Steinbock: Das Licht, die göttliche Idee wird geboren. Dies ist im Jahresverlauf der Sonne die tiefere Bedeutung von Weihnachten.[11]

Jeder Abschnitt im Zyklus hat seine Bedeutung und bereitet die nächste Qualität vor. Keiner darf übersprungen werden. Deshalb ist es gerade in der Dunkelmond-Phase wichtig, die Erfahrungen des vorangegangenen Zeichens zu verinnerlichen, um sie sich bewusst zu machen als Basis für den nächsten 28-jährigen Zyklus in der dann folgenden Zeichenqualität.

Eine Geburt kann ganz verschieden ablaufen und so fühlt sich diese Zeit der Dunkelmond-Phase für die Betroffenen auch ganz unterschiedlich an. Man war aufgehoben im «Fruchtwasser der Gebärmutter», wurde genährt durch die Nabelschnur, es war mehr oder weniger gemütlich hier und man hatte sich damit eingerichtet. Und nun, spätestens mit dem Ende des ersten Neumondes nach der Geburt, platzt die Fruchtblase und die ersten Wehen setzen ein. Im Geburtskanal ist es dunkel, etwas presst einen vorwärts, aber man weiß nicht wohin und

11 Ausführlich beschrieben in meinem Buch *Mit der Sonne durch das Jahr*.

was einen erwarten wird. Das kann mitunter Angst machen. So gibt es also sowohl einen Drang nach vorne, als auch Verzögerungen, Stagnationen, verbunden mit Ängsten, Unsicherheiten und vielleicht auch Schmerzen.

Die Dunkelmond-Phase ist eine Zeit der Wandlung, der Krise, positiv oder auch negativ erlebbar. Es ist eine Zeit, um Bilanz zu ziehen, Rückschau zu halten, und eine Zeit, um sich vorzubereiten auf das Neue, vorauszuschauen und sich leer zu machen für die Empfängnis dieser neuen Idee des zweiten Neumondes nach der Geburt, dem individuellen Neumond.

Es gibt Menschen, die diese Zeit der Neugeburt eher unproblematisch erleben. Sie merken zwar die Veränderung, können sich aber einlassen und mitgehen.

Für andere hingegen fühlt sich diese Zeit an wie ein unerlöst erlebter Transit der Langsamläufer Uranus, Neptun oder Pluto, der dann in den Radix-Auslösungen vielleicht nicht zu den vom Klienten geäußerten Themen zu passen scheint oder gar nicht zu finden ist.

Ich möchte mich hier auf die eher problematischen Seiten des Geburtserlebens beschränken und sie in Analogie setzen zu den drei geistigen Planeten.

Dazu bieten sich Bilder an für drei spezielle, etwas dramatischere Geburtsvorgänge, die die unterschiedlichen Erlebnisqualitäten in der Dunkelmond-Phase beschreiben.

Die «Zangen-Geburt»

Diese Dunkelmond-Erfahrung ist mit einem plutonischen Erleben vergleichbar.

- Das «Kind», der Betreffende steckt fest.
- Man will nicht, hält am Alten fest, hat vielleicht Angst vor dem Unbekannten, wird aber zwanghaft vorwärtsgedrückt.
- Ein äußeres Ereignis tritt ein, zwingt einem bestimmte Ergebnisse auf und beendet damit das Alte.

Beim plutonischen Erleben dieser Phase haben die Betreffenden das Gefühl, als steckten sie in einem Tunnel, alles ist dunkel um sie herum, sie sehen nur noch schwarz. Sie fühlen sich vielleicht von ihrem früheren Leben abgeschnitten, sind extremen Konflikten mit ihrer Umwelt ausgesetzt, spüren, dass etwas zu Ende geht, und haben oft Angst oder gar Panik davor, da sie nicht wissen, was los ist und wie es weitergehen wird. Alle Versuche umzukehren scheitern, denn dort ist das Dunkel dichter und das Licht am anderen Ende des Tunnels als Trost und Hoffnungsschimmer ist noch nicht sichtbar.

Eine Klientin beschrieb dieses Gefühl einmal sehr treffend: «Es ist, als ob ich im Geburtskanal feststecke. Einerseits möchte ich raus, andererseits habe ich große Angst vor dem, was mich erwartet.»

Die Betreffenden fühlen sich vielleicht abgeschnitten von ihrem früheren Leben, rausgeworfen aus der tragenden Gemeinschaft, die Welt um sie herum ist plötzlich gefährlich geworden und bedroht die bisherige Daseinsform. Die Umwelt übernimmt in dieser Art des Erlebens den «Wehendruck», die Kraft, die vorwärtspresst, kommt von außen und wird von einer inneren Verweigerung, einer Blockade, begleitet. Da ist vielleicht der langjährige Arbeitsplatz bedroht oder die Kinder gehen aus dem Haus, eine Aufgabe, die Halt und Sicherheit gegeben hat, fällt nun plötzlich weg und man versucht vergeblich, sie mit allen Mitteln festzuhalten. Oder aber Freundschaften zerbrechen oder die Beziehung ist in einer Krise und droht zu scheitern. Je nach Lebensform können die Bedrohungen des Bisherigen sehr individuell sein. Der betreffende Mensch fühlt sich ihnen aber ohnmächtig ausgeliefert und wehrt sich vehement gegen die Veränderung.

Oder der «Wehendruck» kommt von innen:

Die Betreffenden lehnen ihr Umfeld selbst ab, spüren eine starke Kraft in sich, die sie nicht unter Kontrolle haben, die sie aus dem Alten rausdrängt, gegen die bewusste eigene Absicht, und die das Bisherige zerstören will. Intensive Gefühle beherrschen sie in dieser Zeit: Angst, ja sogar Panik, Wut, Hass, sowohl sich selbst als auch der Umwelt gegenüber. Man kann nichts gegen diese Gefühle tun, sie brechen durch und veranlassen die Betreffenden zu Handlungen, die diese nicht mehr rückgängig machen können, und provozieren damit Reaktionen im Umfeld. Sie stehen innerlich unter Druck und rufen damit den Druck von außen hervor. Man versteht sich selbst nicht mehr, kennt sich so nicht, so war man doch nie. Man bekommt vielleicht sogar Angst vor sich selbst, vor der starken Macht in einem, die einen zu etwas bringt, ja sogar zwingt, was man bei klarem Verstand nie tun würde. Sie möchten doch eigentlich mit aller Kraft das Alte erhalten, es wieder so haben, wie es einmal war, und zerstören es stattdessen.

Für Menschen, die diese Zeit der Dunkelmond-Phase auf plutonische Art erleben, ist es wichtig, die große, vielleicht negative und zerstörerische Energie in konstruktive, nach vorne gerichtete Kraft umzuwandeln. Hier ist es auch hilfreich, das, was geschieht, als Prozess der Wandlung zu sehen, aus dem Alten, was vorbei ist, möchte etwas Neues entstehen. Dazu bietet sich das Bild der Entwicklung einer Raupe zum Schmetterling an. Das Puppenstadium zwischen den beiden Lebensformen ist dabei die Dunkelmond-Phase. Man muss das Alte nicht mit Gewalt und Macht zerstören, es wird sich prozesshaft im Laufe der Zeit verwandeln und in veränderter, neuer Form wiedergeboren werden. Es wird sich nur das verändern, was nicht mehr in das neue Leben passt, was sich überlebt und seine Aufgabe erfüllt hat.

Bei der Bilanz und dem Blick zurück lässt sich dann auch der Erfahrungsgewinn der vorangegangenen Zeit ermitteln, denn nicht alles war negativ und muss überwunden oder losgelassen werden, sondern manches soll die Basis sein für die folgenden Jahre. Die Lust auf das Neue, wohin man seine große Kraft wenden kann, wird häufig durch den Blick auf das Horoskop des zweiten Neumondes nach der Geburt erzeugt.

Die folgenden Fragen sollen dem Betreffenden, der die Dunkelmond-Phase auf plutonische Art erlebt, helfen, sich mit dieser Übergangszeit auseinanderzusetzen.

«Geburtshilfe-Fragen»

- Was hat sich überholt oder überlebt?
- Welches Verhalten passt nicht mehr zu mir?
- Wo funktioniere ich nur noch und bin nicht mehr lebendig?
- Wie war ich früher und wie fühle ich mich jetzt?
- Gegen was richtet sich meine Energie?
- Was macht mich wütend?
- Wovor habe ich Angst?
- Was könnte schlimmstenfalls passieren?
- Was würde ich eigentlich gerne tun?
- Wo möchte ich meine große Kraft einsetzen?
- Was begeistert mich?
- Wann fühle ich mich lebendig?
- Was könnte bestenfalls passieren?
- Wie stelle ich mir meine Zukunft vor?

Eine Klientin, die die Dunkelmond-Phase auf plutonische Art erlebte: Neumond vor der Geburt und Radix-Sonne im Schützen, erster Neumond nach der Geburt im Steinbock, zweiter Neumond nach der Geburt im Wassermann: Sie sei schon immer das «verwöhnte Kind» gewesen, sagte sie über sich selbst. Erst wurde sie vom Vater, dann vom Ehemann auf Händen getragen. Sie hatte es auch genossen, leben zu können, wie sie es wollte, und die anderen sorgten für den Rahmen. Viele Jahre hielt sie sich an die vorgegebenen Regeln, aber sie lebte wie in einem «goldenen Käfig». Sie bekam innerhalb dieses Rahmens alles erlaubt, aber erst nachdem sie darum gebeten hatte. Die Ehe blieb kinderlos, weil ihr Mann keine Kinder wollte, sie war sein Kind (wie sie im Nachhinein sagte). Zu Anfang meinte sie sogar, sie fühle sich wirklich frei und hätte ein tolles Leben, um das sie auch ihre Freundinnen beneideten, aber dann wurde dieses Leben mit der Zeit schal. Sie hatte nichts Eigenes geschaffen, war in Wirklichkeit abhängig von den anderen, ihren großzügigen Versorgern und alles andere als frei. Es begann in ihr zu «rumoren», wie sie es nannte. Sie fing an Regeln zu brechen, blieb sogar über Nacht weg, was sie noch nie getan hatte, und provozierte Streit. So war sie auch immer treu gewesen, brach jetzt aber ihr Versprechen und wurde mit 45 Jahren schwanger. Ihr Mann war sterilisiert, konnte also nicht der Vater sein. Was nun? Auf der einen Seite wünschte sie sich das Kind, auf der anderen wusste sie, das wäre selbst für ihren großzügigen Mann zu viel. Sie hatte sich mit Freundinnen beraten und eine davon erzählte es ihrem Mann. Damit «platzte die Bombe». Jetzt tat ihr alles leid, sie hatte Angst bekommen und ließ die Schwangerschaft abbrechen. Aber sie hatte den «Point of no Return» für ihren Mann überschritten. Nach einem Jahr Paartherapie trennte er sich von ihr.

Sie befand sich in der Dunkelmond-Phase in einer Krise, drohte in ihrer alten Situation stecken zu bleiben. Aber dann rumorte es in ihr und sie hat den weiteren Verlauf selbst provoziert. Sie drohte zu «ersticken», wenn sie weiter im alten System verbliebe, und so «zwang» sie sich praktisch selbst zum Aufbruch mit Handlungen, die sie nicht mehr rückgängig machen konnte und die die Geburt ins Eigene, zu sich selbst, bewirkten.

Sie kam zu mir in die Beratung und ich sah, dass sie sich kurz vor dem Ende des ersten Neumondes nach der Geburt befand und in etwa zweieinhalb Jahren würde ihr zweiter Neumond nach der Geburt im Wassermann beginnen. Es ging also um die Frage, inwieweit sie Verantwortung abgegeben hatte, welche sie selbst übernehmen könnte, und was das Eigene sein würde.

Für sie ergab die Bilanz des ersten Neumondes nach der Geburt, dass sie für Vater und Ehemann die Funktion des verwöhnten Kindes übernommen hatte, das diese in Abhängigkeit hielten und dem sie keine eigene Verantwortung zutrauten. Nun, am Ende dieses Zyklus, wollte sie endlich ein selbstbestimmtes Leben beginnen.

Das ist für mich das Bild der «Zangengeburt» bei einem plutonischen Erleben dieser Dunkelmond-Phase.

Der «Kaiserschnitt»

Diese Dunkelmond-Erfahrung ist mit einem neptunischen Erleben vergleichbar.

- Die Geburt stagniert, weil die Wehen aussetzen.
- Das «Kind», der Betreffende, macht nicht mehr mit, ist erschöpft, resigniert und schläft sozusagen ein.
- Man möchte sich aus der Welt zurückziehen, ist hilf- und orientierungslos.
- Man möchte nicht mehr kämpfen, gibt auf, weil alles so schwer erscheint und es keine Hoffnung auf eine bessere Zukunft mehr gibt.

Das Neptunische im Erleben dieser Phase zeigt sich meistens in einer großen Unsicherheit und sogar Hilflosigkeit. Es ist so, als ob der Boden unter den Füßen, der so lange Halt und Sicherheit gegeben hat, weggespült wurde. Man weiß nicht mehr so recht, wie man sich verhalten soll; wenn man nach etwas greifen will, ist da plötzlich nur noch ein Nichts. Man versteht sich nicht mehr, es fühlt sich an wie Watte im Kopf oder als ob man im Nebel wandelt oder im großen Ozean schwimmt. So kommt manchmal ein großes Einsamkeitsgefühl dazu, es erscheint einem, als sei man ausgeschlossen aus der Gemeinschaft, man kann sich nicht verständlich machen, da man selbst nicht weiß, was mit einem los ist, und alte Bindungen, die Halt gaben, lösen sich auf. Manchmal wird dieses Verlassenheitsgefühl sogar von einer Todessehnsucht begleitet. Eine Klientin sagte einmal, sie möchte wieder «heim», sie hätte genug von dieser harten Welt, in der sie keinen Platz mehr finden könnte, alles sei sinnlos, leer und ohne Hoffnung auf eine Wende zum Guten. Sie sehnte sich nach Erlösung, ja sogar nach dem Tod.

Die Gefahr bei diesem Erleben ist, dass man geneigt ist, sich an jedem Strohhalm, der einem geboten wird, festzuhalten. Man ist bereit, alles zu tun, was die anderen einem raten, nur um wieder Boden unter den Füßen zu spüren, oder man zieht sich aus der Welt zurück und taucht ab.

Diese Zeit wird auch häufig von Schuldgefühlen oder Selbstmitleid begleitet, denn man fühlt sich ja unfähig, das eigene Leben zu meisten, und als Belastung für die anderen, deren Hilfe man benötigt.

Bei dieser Art des Erlebens ist es wichtig, das Vertrauen in den Zyklus des Lebens zurückzugewinnen. Für diese Menschen ist es entscheidend, das Negative am Neptun-Gefühl ins Positive zu verwandeln. Wie man auch bei seiner ersten Geburt nicht wusste, was einen erwartet, ist das Empfinden jetzt ähnlich. Aber man kann ein Vertrauen entwickeln in eine innere Führung, eine innere Instanz, die es gut mit einem meint und einen dahin bringen wird, wohin man zu seinem Besten soll. «Alles hat seinen Sinn, auch wenn ich ihn noch nicht verstehe, aber ich muss es ja auch noch nicht wissen», sagte die oben genannte Klientin am Ende der Beratung. Sich bewusst einlassen auf das, was kommt, ist eine sehr positive Übersetzung von Neptun. Man kann sich getragen oder geführt fühlen und ist nicht mehr allein. Eine Geste für dieses Vertrauen ist, die Hände zu öffnen. Dabei lässt man dann auch den letzten Strohhalm los und sich fallen, im Vertrauen auf etwas, das einen auffängt, was die Angst und Orientierungslosigkeit in dieser Phase in Entspannung und innere Gelassenheit verwandeln kann.

Hier hilft es oft schon, diesen Menschen zu vermitteln, dass das, was sie im Moment empfinden, stimmig ist, dass es der Zeitqualität entspricht, um ihnen wieder das Gefühl zu geben: Ich kann eigentlich meinen Gefühlen, meiner inneren Stimme vertrauen. Der Blick auf das Horoskop des zweiten Neumondes nach der Geburt kann eine Orientierungshilfe sein für das, was sich in der Zukunft als Thema entwickeln will.

Ich erzähle hier immer gerne von dem Gedicht «Spuren im Sand» von Margaret Fishback Powers. Darin heißt es, dass ein

Mann nach seinem Tod in den Himmel kommt und sich bei Gott beschwert, immer habe er neben seinen eigenen Spuren im Sand auch dessen gesehen, aber in der schwierigsten Zeit gab es nur eine Fußspur, die zweite fehlte. Er fragt Gott, warum er ihn denn ausgerechnet dann allein gelassen habe. Darauf antwortet dieser: «Dort, wo du nur eine Spur gesehen hast, da habe ich dich getragen.»

«Geburtshilfe-Fragen»

- Wie fühlt sich diese Zeit der Dunkelmond-Phase an?
- Was sagt mir meine innere Stimme?
- Was habe ich versucht, im Griff zu haben und wie ist es gekommen?
- Wann habe ich meiner inneren Führung vertraut und wann nicht?
- Wie war das Gefühl des Vertrauens?
- Was habe ich Sinnvolles gelernt aus dem, was mir geschickt wurde?
- Wann wurde mir Gutes und Wertvolles geschickt?
- Was kann ich selbst bestimmen?
- Wo muss ich mich einlassen?
- Wie kann ich mich wieder öffnen für das Leben und es zulassen, auch ohne zu wissen, was kommen wird?
- Wie stelle ich mir meine Zukunft vor?

Eine Klientin als Beispiel für das neptunische Erleben der Dunkelmond-Phase:

Neumond vor der Geburt in der Jungfrau, erster Neumond nach der Geburt und Radix-Sonne in der Waage, zweiter Neumond nach der Geburt im Skorpion:

Auf Wunsch der Eltern musste diese Frau im Alter von 25 Jahren (aufsteigendes Quadrat des ersten Neumondes nach der Geburt) einen «nicht sehr geliebten» Mann heiraten, da diese meinten, das wäre das Wichtigste für eine Frau und außerdem würde sie sonst zu alt und würde später keinen mehr «abkriegen».

Kurz hintereinander bekam sie drei Kinder und ergab sich in ihr Schicksal, obwohl ihr Mann sie laufend mit anderen Frauen betrog. Sie suchte die Schuld bei sich selbst und ihre Mutter meinte, sie hätte schließlich die Sicherheit der Ehe und «Männer sind eben so». In dieser Ehe kriselte es oft, aber die Klientin wagte es nicht, sich zu trennen aus Angst vor dem Alleinsein. In der Dunkelmond-Phase, sie war Mitte 40, fiel sie in eine immer tiefere Depression mit Klinikaufenthalt und Therapie. Sie wollte nicht mehr leben. Und dann starb ihre Mutter. Ihr Vater war schon einige Jahre zuvor gestorben und sie hatte nun eine Erbschaft zu erwarten.

Erst meinte sie, das nicht auch noch verkraften zu können, aber rückblickend hatte sie dieses Ereignis geweckt, sie wieder ins Leben geholt. Denn sie musste nun viel regeln, und es zeigte sich, wie stark sie doch eigentlich war, wenn sie die Fäden selbst in die Hand nahm und nicht mehr ihre Mutter bestimmen ließ. Kurz darauf, der zweite Neumond nach der Geburt im Skorpion hatte ein halbes Jahr vorher begonnen, trennte sie sich von ihrem Mann.

Da die Klientin diese Zeit sicher als große Krise erlebt hat, könnte die Qualität der «Geburtsphase» als neptunisch bezeichnet werden. Sie hatte sich aus der Welt zurückgezogen, tat selbst nichts mehr und wurde letztendlich durch den Tod der Mutter, ein Geschehen, das plötzlich und von außen kam wie der rettende Kaiserschnitt, ins Leben zurückgeholt.

Die «Frühgeburt»

Diese Dunkelmond-Erfahrung ist mit einem uranischen Erleben vergleichbar.

- Die Geburt setzt plötzlich und zu früh ein.
- Die Beteiligten sind überrascht und nicht vorbereitet.
- Das «Kind», der Betreffende, hat einige Reifungsschritte noch nicht abgeschlossen.
- Das Kind muss in den Brutkasten, um sie außerhalb und nach der Abnabelung nachzuvollziehen.
- Man will alles ändern, und zwar sofort und ohne Rücksicht auf Verluste.

Ganz anders erleben Menschen die Zeit des Dunkelmondes, wenn diese sich wie ein Uranus-Transit anfühlt. Hier herrscht Aufbruchstimmung, man ist froh, dass die Zeit der Verpflichtungen endlich vorbei ist, und hat auch keine Lust mehr zurückzuschauen. Man beginnt, sich endlich frei zu fühlen. Die Betroffenen erleben diese Dunkelmond-Phase nicht wie eine Krise, in der sie Hilfe durch eine Beratung benötigen. Allerdings begegnen mir diese Menschen dann des Öfteren als Studenten. «Endlich kann ich das machen, was ich schon lange wollte» (z.B. Astrologie lernen), ist ein Satz, den man von ihnen hört. Sie sind voll Vorfreude auf die anstehenden Veränderungen und das Neue, das sie erwartet, und eine eventuelle Trennung von Partner, Beruf oder Familie erleben sie häufig nicht als Belastung, sondern als Befreiung.

Sie haben das Gefühl, als stünden sie unter Strom. Eine innere Unruhe treibt sie vorwärts, oft ohne zu wissen, wohin es gehen soll und was sie eigentlich wollen. Etwaige Veränderungen gehen ihnen zu langsam, und so kann es zu unüberlegten und überstürzten Handlungen kommen, die alte Brücken und Sicherheiten abreißen, ohne dass es neue gibt.

Als Bild wäre hier die Gefahr einer «Frühgeburt» in Erwägung zu ziehen, das Kind ist noch nicht reif, sich wirklich allein zu nähren. Dann verzögert sich die eigentliche Abnabelung in Wirklichkeit oft, da es einen Rückfall gibt. Die Zeit der Geburt war eben noch nicht da, der zweite Neumond nach der Geburt hatte noch nicht stattgefunden. Um im Bild zu bleiben, müssen diese «Kinder» dann erst einmal in den Brutkasten, um die Entwicklung nachzuvollziehen. Denn alles dauert und braucht seine Zeit, auch diese Phase will durchlebt werden und hat ihren Sinn im zyklischen Geschehen.

Die Aufbruchstimmung und Vorfreude soll natürlich nicht gebremst werden. Aber es besteht hier die Gefahr, dass man «das Kind mit dem Bade ausschüttet», alles von früher verwirft und damit keine Bilanz ziehen kann. Von daher ist es für sie zum einen wichtig, sich damit auseinanderzusetzen, von was sie sich wirklich befreien wollen, weil es sie tatsächlich an der persönlichen Weiterentwicklung hindert, und von was aber auch nicht, weil es weiterhin von Wert ist und es sich lohnt, dies zu bewahren. Zum anderen ist der Blick nach vorne wichtig, z.B. in das Horoskop des zweiten Neumondes nach der Geburt, wozu sie denn ihre neu gewonnene Freiheit nutzen wollen. Ganz oft erlebe ich es nämlich, dass das anfänglich euphorische Freiheitsgefühl bei den Betroffenen in einer Art von Leere endet, wenn man es nicht mit Inhalten füllt. Und um diese Inhalte zu finden, kann man das Neumond-Horoskop zu Rate ziehen, um der Energie eine Richtung zu geben.

«Geburtshilfe-Fragen»

- Welche Erfahrungen habe ich in der Vergangenheit gemacht?
- Was kann ich daraus lernen?
- Was will ich bewahren, weil es sich bewährt hat und zu mir gehört?
- Wann und warum habe ich den eigenen Weg verlassen?
- Worin habe ich mich verändert?
- Was unterscheidet mich von anderen?
- Was will ich verändern, weil es nicht mehr zu mir passt?
- Wie kann ich das Eigene realisieren?
- Wie kann ich die Vergangenheit für die Zukunft nutzen?
- Wie stelle ich mir meine Zukunft vor?

Ein Klient, der die Dunkelmond-Phase uranisch erlebte:

Neumond vor der Geburt im Wassermann, erster Neumond nach der Geburt und Radix-Sonne in den Fischen, zweiter Neumond nach der Geburt im Widder:

Er hatte die Firma des Vaters übernommen, geheiratet, ein Haus gebaut usw. und damit alles befolgt, wie es von ihm als einzigem Sohn erwartet wurde. Nach kurzer und heftiger Krise mit der Familie zur Zeit der Rückkehr des progressiven Neumondes auf die Gradzahl des ersten Neumondes nach der Geburt (er war etwa 35 Jahre alt), trennte er sich von allem, verkaufte die Firma und ging ins Ausland. Dort wollte er nach seinen eigenen Worten ganz neu anfangen, «ohne die ganzen Belastungen und Erwartungen im Rücken». Nach drei Jahren kam er ernüchtert zurück, der zweite Neumond nach der Geburt hatte vor kurzem begonnen.

Er erzählte: «Ich hatte mir keine großen Gedanken gemacht,

was ich eigentlich tun wollte. Das Geld war da und der Rest würde sich finden. Hauptsache weg, war mein wichtigster Wunsch und endlich etwas Eigenes, bei dem mir niemand mehr reinreden würde. Aber alles, was ich anfing, wurde ein Flop.»

Sein Erleben der Dunkelmond-Phase war wohl vergleichbar mit der «Früh- oder Sturzgeburt», und so verarbeiteten wir in den folgenden Beratungen erst einmal die Erfahrungen des ersten Neumondes nach der Geburt und beschäftigten uns danach mit der Idee des zweiten Neumondes nach der Geburt, worin wir dann auch Ideen fanden, für die er die neu gewonnene Freiheit nutzen wollte.

Weitere Beispiele:

Maria

Bei Maria war die Zeit zwischen dem absteigenden Quadrat (1984) und dem Beginn des zweiten Neumondes nach der Geburt 1994 von vielen Veränderungen geprägt:

Tod der Mutter, Umzüge, Arbeitsplatzwechsel und als Abschluss 1992 die Darmverschlingung. 1994 (Beginn des zweiten Neumonds nach der Geburt) begann sie mit der Astrologieausbildung.

Konstantin Wecker

Als er sich in der Dunkelmond-Phase befand (1992–1994), steigerte er seinen Drogenkonsum so weit, dass er 1995 mit den Konsequenzen konfrontiert und inhaftiert wurde. In seinem 1993 erschienenen Roman *Uferlos* mit deutlich autobiografischen Zügen bringt er das Thema Drogen deutlich zur Sprache. So könnte für ihn das Erleben dieser «Geburtsphase» tatsächlich sehr neptunisch gewesen sein. Allerdings sagt er auch selbst über diese Zeit, dass das Gefängnis lebensrettend für ihn gewesen war, denn wenn sein Leben so weitergegangen wäre, hätte dies sein Ende bedeutet. Demnach war es wohl ebenfalls eine plutonische Erfahrung für ihn. Er hatte sich selbst (zwanghaft) in diese Krise gebracht, seine Festnahme war folgerichtig, und nach seiner Entlassung hatte er tatsächlich viele alte Kontakte verloren und musste sein Leben von Grund auf neu ordnen. Aber er hatte diese Zeit genutzt, um sich uranisch vom «Alten» zu befreien.

Carl Gustav Jung

Sein erster Neumond nach der Geburt endete 1908. Wenige Zeit vorher, also in der Dunkelmond-Phase, lernte er Sigmund Freud kennen (1907). Er brach kurz darauf seine Volontärszeit bei Eugen Bleuler (einem Schweizer Psychiater) in der Heilanstalt Burghölzli ab und beschäftigte sich mit Freuds Werk als Psychoanalytiker. 1912, kurz nach Beginn seines zweiten Neumondes nach der Geburt kam es zum Bruch mit Freud, da er ihn in seinem Buch *Wandlungen und Symbole der Libido* kritisierte. Ab jetzt befand sich C.G. Jung auf seinem eigenen Weg.

Die Dunkelmond-Phase war für ihn wohl durch das Treffen mit Freud eine Art Initialzündung hin zu seiner eigenen Richtung. Er trennte sich ebenso von Altem, letztendlich auch von Freud, und gründete schon 1913 (drei Jahre nach Beginn des zweiten Neumondes nach der Geburt) seine eigene Fachrichtung «Analytische Psychologie oder Komplexe Psychologie».

Diesen zweiten Neumond nach der Geburt schauen wir uns im entsprechenden Kapitel noch genauer an.

Hilfreiche Rituale in der Dunkelmond-Phase

Da der erste Neumond nach der Geburt Saturn-Charakter hat – es ist der Familien- oder Sippen-Neumond, in dem wir viele Regeln und Erwartungen von außen erfüllen –, empfiehlt sich eine Auseinandersetzung mit den bisher befolgten Lebensregeln, wie es z.B. bei einem Transit des laufenden Saturns zu sich selbst erfolgen kann. Ich habe dafür den Ausdruck «Rucksack ausmisten» geprägt. Meinen Klienten oder Studenten erkläre ich dies mittels folgenden Bildes:

«Wir kommen alle mit einem Rucksack auf die Welt, in dem unsere Talente, Fähigkeiten, Gaben usw. untergebracht sind und die wir nutzen können auf dem Weg zu unserem Lebensziel. Im Laufe des Lebens – und besonders in der Zeit des ersten Neumondes nach der Geburt – packt unsere wohlmeinende Umwelt nun Regeln, Vorschriften, Gebote und Verbote in diesen Rucksack, da sie glauben, diese Verhaltensweisen wären zu unserem Besten, würden uns erfolgreich machen oder auch zu einem guten oder nützlichen Mitglied der Gemeinschaft. Und wir lassen sie bereitwillig reinpacken!

Nun, in einer Saturn-Transit- oder in der Dunkelmond-Phase, ist die Zeit gekommen, diesen Rucksack zu inspizieren, ihn auf seinen Inhalt hin zu überprüfen, denn womöglich schleppen wir hier Verantwortlichkeiten, Pflichten oder Hemmungen und Ängste mit uns herum, die uns eigentlich hindern, unseren ganz individuellen Lebensgipfel zu erreichen. Vielleicht ist der Rucksack bis zum Rand voll und wir tragen schwer am Leben. Jetzt dürfen wir diesen Rucksack misten und brauchen nur noch das darin lassen, was für uns von Wert ist.»

Dieses Bild versteht in der Regel jeder. Und gerade für Menschen in der Dunkelmond-Phase ist es hilfreich, sich so eine «Erlaubnis» zu verschaffen.

Ich empfehle folgende Vorgehensweisen:

- Bewusstmachung der unbewusst wirkenden Gebote und Verbote.
- Überprüfung dieser Lebensregeln.
- Finden eigener Lebensregeln, die man selbst verantworten kann.

- Praktisches Vorgehen:
- Vorbereitung von drei DIN-A4-Blättern mit je zwei Längsspalten.
- Auf dem ersten steht oben als Überschrift über der ersten Spalte: «Ich muss»,
- über der zweiten Spalte: «Ich darf auch.»
- Auf dem zweiten steht oben als Überschrift über der ersten Spalte: «Ich kann nicht», über der zweiten Spalte: «Ich kann es versuchen.»
- Auf dem dritten steht oben als Überschrift über der ersten Spalte: «Ich darf nicht»,
- über der zweiten Spalte: «Ich will.»

Die Bewusstmachung soll nicht kritisch oder bemängelnd verlaufen, sondern liebevoll beobachtend. Jedes Mal, wenn man sich bei einer spontanen, unreflektierten Befolgung einer Erwartung oder einer Hinderung beobachtet, soll man es in die erste Spalte auf einem der drei Blätter, also unter «Ich muss», «Ich kann nicht» oder «Ich darf nicht» notieren.

In einer ruhigen Stunde werden nun diese Regeln überprüft, und zwar mit den Fragen: Stimmt diese Regel für mich? Hat sie sich in meinem Leben bewährt? Habe ich damit das erreicht, was ich wollte? Kann ich es verantworten, diese Regel zu brechen? Möchte ich diese Regel bewahren?

Je nach selbst gegebener Antwort wird der zuvor notierte Satz in der ersten Spalte durchgestrichen und in die noch leere zweite Spalte eine Erlaubnis oder eine freiwillige Einverständniserklärung geschrieben. (Ich will dies oder jenes tun oder lassen, weil ich es für richtig halte.)

Bei dieser Vorgehensweise stehen Verbot oder Gebot und Erlaubnis bzw. eine passendere Handlungsweise auf einem Blatt.

Man kann auch jedes Verbot oder Gebot, von dem man sich verabschieden will, auf einen separaten Zettel schreiben und in einem Feuerritual verbrennen und die neu gefundenen eigenen Lebensregeln schön gestaltet aufbewahren.

Der zweite Neumond nach der Geburt – der individuelle Neumond

Spiritueller Ansatz

Zwischen dem 30. und dem 60. Lebensjahr beginnt dieser progressive Neumond. Die überpersönliche Aufgabe des saturnischen Familien- und Sippen-Neumondes ist abgeschlossen, ab jetzt geht es um die eigene individuelle Weiterentwicklung. Der Neumond vor der Geburt als besonderes Potenzial, als inspirierende Gabe für andere bleibt nach bisheriger Erfahrung als Energie-Aura allerdings ein Leben lang erhalten.

Der dritte «Zweck» des Daseins, der Inkarnation, ist die Entwicklung der Seele hin zur Einheit. Jung nannte das den Weg der Individuation und man kann dieses Thema dem Planeten Neptun zuordnen. Er symbolisiert die Einheit, die Verbindung mit dem Kosmischen, die Sehnsucht, die wir in allen Religionen nach der Rückverbindung unserer Seele mit dem Göttlichen finden.

Dieses Neumond-Horoskop ist eine Empfehlung und die lautet:

Beschäftige dich mit diesen Themen (abgebildet im Neumond-Horoskop), mach mit ihnen, was dir Spaß bereitet und dein Herz erfreut, und du integrierst wichtige Teile in dich und dein Bewusstsein hin zur Ganzheit.

Hier geht es nämlich nicht mehr um Pflichten oder Aufgaben, die zu erfüllen sind, sondern um Freiwilligkeit, nicht mehr ums «Müssen», sondern ums «Dürfen».

Vor dem Beginn dieses Neumondes liegt die Dunkelmond-Phase, die Zeit der «Reinigung vom Alten». Die «Zeugung» der neuen Idee verläuft häufig unbemerkt. Auch dieser Neumond folgt nämlich dem bekannten Zyklus, und so erahnt man zwar in der «Schwangerschaft» bis zum ersten aufsteigenden Quadrat nach sieben Jahren, dem Punkt der Geburt, das Neue, kann es aber oft noch nicht greifen. Viele spüren eine Art frischen Wind, merken, dass etwas anders ist, können es aber nicht so recht einordnen oder verstehen. Sie beschreiben es als eine andere Art von Selbstverständnis, mehr Klarheit oder mehr Mut, zu sich selbst zu stehen. Für viele hat sich in den vorangegangenen Jahren auch das soziale Umfeld mit ihnen verändert und sie empfinden das Neue als passender.

Den Personen, die den Beginn des zweiten Neumondes noch vor sich haben, empfehle ich, diesen Tag genau zu berechnen und ein den Qualitäten entsprechendes Ritual zu gestalten. Dieses Horoskop empfiehlt uns schließlich, mit den Zeichenentsprechungen des Neumondes und des AC das zu tun, wo wir mit ganzer Seele dabei sind, und so ist eine Auswahl schon zu Beginn sicher von Vorteil.

Der zweite Neumond nach der Geburt in Verbindung mit der Radix-Deutung

Für alle Menschen ist dieser Neumond in einem der Radix-Sonne folgenden Zeichen, hat also eine ganz andere Qualität. Aber meist fällt den Menschen, die den ersten Neumond nach der Geburt im Zeichen ihrer Radix-Sonne haben, der Übergang schwerer, sei es, dass sie sich sehr mit dem Familien- und Sippen-Thema identifizieren konnten, da es ihrer Anlage entsprach, oder sei es, dass das im Tierkreis folgende Zeichen so grundverschieden von der Radix-Thematik ist (Halbsextil). Diejenigen hingegen, die schon den ersten Neumond nach der Geburt im nachfolgenden Zeichen hatten, erleben nun das Sextil-Zeichen zur Radixhoroskop-Sonne im zweiten Neumond nach der Geburt, und dies ist bekanntlich ein angenehm kreativer Aspekt.

Denn auch für das Thema des zweiten Neumondes nach der Geburt gilt die Kombination mit unserem mitgebrachten Potenzial, unserem Handwerkszeug, abgebildet im Radixhoroskop. Die Kurzformel dafür lautet:

Auf Radix-Art die Energie des zweiten Neumondes nutzen, um Spaß und Freude zu haben und neue, unbekannte Seiten in sich zu integrieren auf dem Weg zur Ganzheit.

Mögliche Kombinationen wären:

Auf Widder-Sonne-Art (Radix) aktiv sein und körperlich das Leben genießen (Stier) oder Spaß haben an Auseinandersetzungen und Kommunikation (Zwillinge).

Auf Stier-Sonne-Art (Radix) langsam und genießend Neues lernen (Zwillinge) oder sich seinen Gefühlen und Bedürfnissen öffnen (Krebs).

Auf Zwillinge-Sonne-Art (Radix) seine Gefühle und Bedürfnisse «be-greifen» (Krebs) oder sich kreativ ausdrücken (Löwe).

Auf Krebs-Sonne-Art (Radix) fantasievoll kreativ sein (Löwe) oder Seele und Körper verbinden (Jungfrau).

Auf Löwe-Sonne-Art (Radix) die eigene Persönlichkeit in Aufgaben einsetzen (Jungfrau) oder Kreativität und Lebendigkeit in Beziehungen bringen (Waage).

Auf Jungfrau-Sonne-Art (Radix) die Eigenart in Beziehungen einbringen (Waage) oder die Geheimnisse der Seele in der Körperlichkeit erkennen (Skorpion).

Auf Waage-Sonne-Art (Radix) kollektive Weisheiten kulturell vermitteln (Skorpion) oder Verbindungen zu fremden Kulturen herstellen (Schütze).

Auf Skorpion-Sonne-Art (Radix) die Wurzeln der Weltanschauungen erkennen (Schütze) oder gesellschaftliche Tabus bewusst machen (Steinbock).

Auf Schütze-Sonne-Art (Radix) gesellschaftliche Entwicklungen anregen (Steinbock) oder mit zukünftigen Visionen begeistern (Wassermann).

Auf Steinbock-Sonne-Art (Radix) Zukunftsvisionen konkretisieren (Wassermann) oder Fantasien und Träume realisieren (Fische).

Auf Wassermann-Sonne-Art (Radix) Glauben erneuern und individualisieren (Fische) oder neue Sportarten erfinden (Widder).

Auf Fische-Sonne-Art (Radix) sich für Ideale aktiv einsetzen (Widder) oder die Welt fantasievoll-sinnlich bereichern (Stier).

Das sollen nur Anregungen sein, denn es gibt natürlich viele Arten, die Zeichen «lustvoll» und mit Freude zu verbinden.

Der zweite Neumond nach der Geburt als Information für die Prognose

In manchen Erlebnisberichten von Klienten zeigen sich die Wendepunkte im Zyklus dieses Neumondes häufig auch als herausfordernde Zeiten, aber das muss nicht zwangsweise so sein. Es sind Zeiten der Überprüfung, vielleicht auch im Hinblick darauf, wie ernst es einem mit dem eigenen Vorhaben ist. Man könnte sagen, dass es umso schwerer ist, sich dem Eigenen selbstverständlich und mit Freude hinzugeben, je mehr man sich mit dem ersten Neumond nach der Geburt in Kombination mit dem Radixhoroskop identifiziert hatte. Wenn der zweite Neumond nach der Geburt im Sextil-Zeichen zur Sonne im Radixhoroskop stattfindet, ist es für die Betroffenen meist leichter und deshalb an den Eckpunkten nicht unbedingt krisenhaft, sondern im Gegenteil fördernd und beflügelnd. Diese Menschen «steigen» auch leichter aus dem ersten Neumond nach der Geburt aus und erleben die Dunkelmond-Phase eher uranisch als neptunisch oder plutonisch.

Hat man sich hingegen sehr mit dem Thema des ersten Neumondes verbunden gefühlt und durch die Radix-Sonne im selben Zeichen auch sehr identifiziert, wird der Übergang zum Eigenen eher verzögert und der Aus- bzw. Einstieg erfolgt womöglich erst mit dem aufsteigenden Quadrat des progressiven Neumondes zur Neumondstellung. Das Quadrat entspricht symbolisch der Geburt der bei Neumond empfangenen Idee.

Für die Deutung des zweiten Neumondes nach der Geburt konzentriere man sich zunächst nur auf den Neumond in Haus und Zeichen, auf den AC und eventuelle dominante Planeten auf den Hauptachsen.

Bei der Entwicklung des Themas ist es von Vorteil, wenn der Betroffene die Ideen formuliert und ausgestaltet, denn er muss ja entscheiden, was ihm von dieser Qualität zusagt bzw. Freude macht und am Herzen liegt. Für den Berater können die Geschenke des Neumondes vor der Geburt als Anregung und Impulsgeber dienen. Waren sie dort für andere gedacht, darf der Betroffene sie sich jetzt quasi selbst schenken.

Bei einer Jahrestrend-Beratung achte man nun besonders auf die Eckpunkte in der Entwicklung des Neumond-Themas, Konjunktion, aufsteigendes Quadrat, Opposition und absteigendes Quadrat. Diese Phasen fordern auf, sich die eigenen Wünsche in Bezug auf die Zeichenqualitäten erfüllen zu dürfen, und für den Berater ist es wichtig, mit dem Klienten zusammen die «schönen Seiten» zu entwickeln, damit der Klient auch das in sich integrieren möchte.

Anhand einiger Beispiele kann man die Energien des zweiten Neumondes nach der Geburt gut verfolgen.

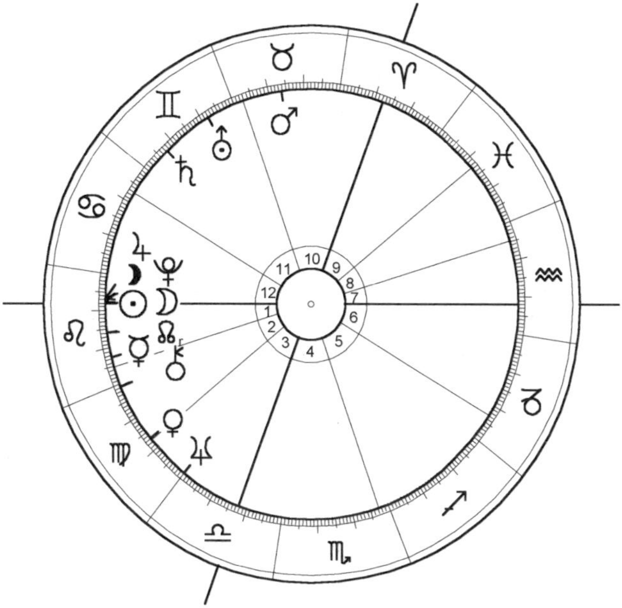

Abb. 35: Maria, zweiter Neumond nach der Geburt

Maria

Die Elementeverteilung für den zweiten Neumond nach der Geburt zeigt, dass Feuer mit 44 Punkten stärkstes Element ist, Erde erhält 16, Luft 6 und Wasser gar keine Punkte. Der zweite Neumond nach der Geburt begann im Juli 1994, Maria war 51 Jahre alt. Kurz darauf lernte ich sie in einem Neumond-Seminar kennen und sie erzählte jeweils ihre Geschichte zu den beiden vorangegangenen Neumonden. Als der zweite Neumond nach der Geburt zur Sprache kam, begann sie zu strahlen. In diesem Horoskop sah sie die Erlaubnis zu dem, was sie gerade erlebte: Ihr Leben hatte sich gewandelt. Standen früher die anderen für sie im Mittelpunkt, nahm sie sich jetzt endlich selbst wichtig. Sie gönnte sich viel (sie war sehr geschmackvoll gekleidet, eine strahlende «Löwin»), machte viele große Reisen, im Gegensatz zu früher, wo sie eher die Bedürfnisse der anderen ernst nahm, und erzählte, dass jetzt vielleicht sogar ein Film über sie und ihr Leben gedreht werden würde. «Und ich stehe darin im Mittelpunkt», jubelte sie. Da war nichts mehr von der bescheidenen Nonne zu spüren, diese Zeit war für sie wirklich vorbei. Es machte ihr Spaß, sich zu zeigen und im Zentrum der Aufmerksamkeit zu stehen. Mit Jupiter und Pluto in Konjunktion zum Neumond und zum Löwe-AC war es erlaubt, den alten «Sinn» infrage zu stellen, «eigen-sinnig» zu werden, die eigene Persönlichkeit wichtig zu nehmen und an sich selbst Entwicklungshilfe zu leisten. Die Feuerbetonung unterstützt das Ganze noch. Sie hatte den ersten Neumond nach der Geburt schnell und freudig hinter sich gelassen, Radix-Sonne (Zwillinge) und der zweite Neumond nach der Geburt (Löwe) stehen in Sextil-Zeichen.

Anna

Ganz anders erging es Anna, einer anderen Seminarteilnehmerin. Auch sie hat den Neumond vor der Geburt in den Zwillingen. Allerdings befindet sich der erste Neumond nach der Geburt mit ihrer Radix-Sonne im Krebs. Sie ist kurz vor dem ersten Neumond nach der Geburt geboren, also quasi in der Dunkelmond-Phase.

Die Elementeverteilung im Radixhoroskop von Anna (Abb. 36) ergibt 18 Punkte Feuer, Erde 8, Luft 24 und Wasser 16 Punkte. Beim ersten Neumond nach der Geburt (Abb.37) sind es in der Elementeverteilung nur noch 8 Punkte Feuer, dafür 18 Erde, Luft erhält mit 14 ebenfalls weniger, Wasser aber mehr mit 26 Punkten. Beim zweiten Neumod nach der Geburt (Abb. 38) nun ist Feuer stärkstes Element mit 28 Punkten, Erde erhält 8, Luft 14 und Wasser 16 Punkte. Ihre Radix-Sonne und der erste Neumond nach der Geburt fallen in ihr 7. Radix-Haus. So war das Thema Beziehungen und die Erwartungen, die sie hier zu erfüllen hatte, auch sehr wichtig für sie. Anna identifizierte sich mit ihrer Krebsseite.

In der Dunkelmond-Phase, nach einer tiefen Ehekrise, wurde

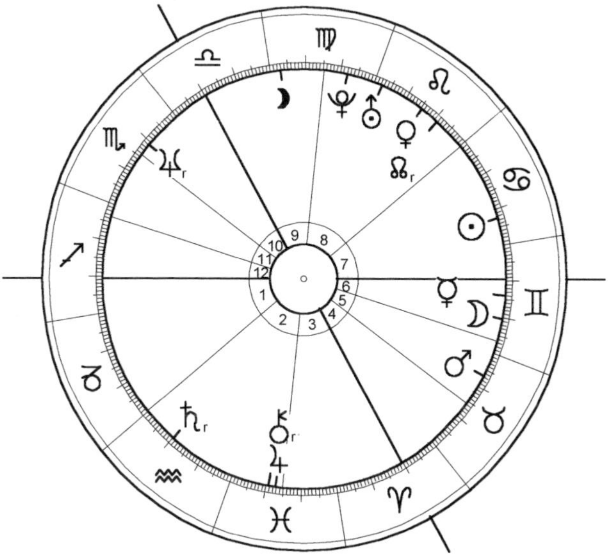

Abb. 36: Anna, Radix

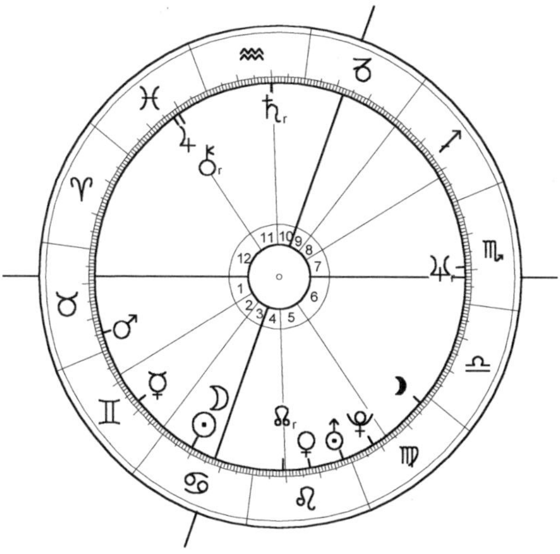

Abb. 37: Anna, erster Neumond nach der Geburt

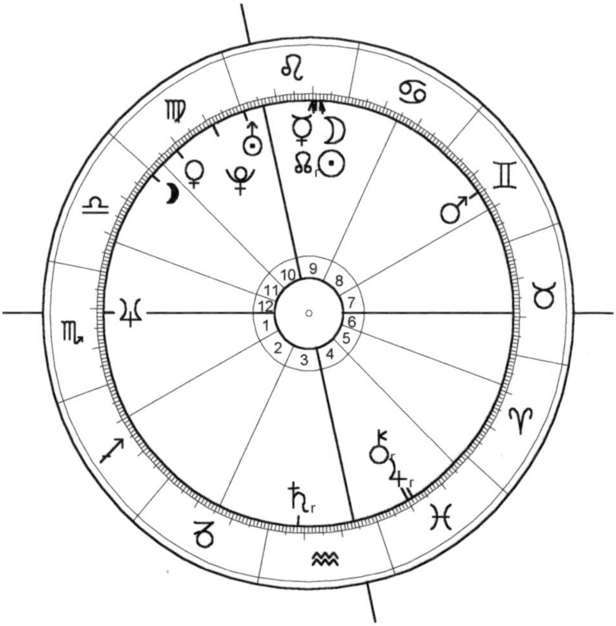

Abb. 38: Anna, zweiter Neumond nach der Geburt

sie zum zweiten Mal schwanger. Die Geburt war im Juli 1994, der zweite Neumond nach der Geburt hatte im April 1994 begonnen. Es zeigten sich jetzt auch die ersten Schwierigkeiten an ihrer Schilddrüse, die zur Zeit des aufsteigenden Quadrates (2001) durch eine totale Entfernung behoben werden mussten. Die Probleme in ihrer Ehe zogen sich noch bis 1998/99 hin, bis sie den Schritt wagte und sich trennte, nachdem sie ihre zukünftige Partnerin kennengelernt hatte und zu ihr zog. Die Kinder blieben beim Ehemann und alle Freundschaften und ihr gewohntes Bezugssystem gingen verloren. Sie hatte mit der Anerkennung und dem Ausleben ihrer lesbisch orientierten Sexualität sämtliche Tabus in ihrem Umfeld gebrochen (Skorpion-AC im Neumond-Horoskop und der Löwe-Neumond fällt in ihr 8. Radix-Haus).

In den folgenden Jahren baute sie mit sieben anderen Frauen ein freies Grafikteam auf mit weltweiten Dienstleistungen (Löwe-Neumond im 9. Haus in Konjunktion zu Merkur). Daneben begann sie sich mit Astrologie, Schamanismus, Mythologie, Theosophie usw. zu beschäftigen (Skorpion-AC Konjunktion Neptun).

Für sie war der Übergang zum zweiten Neumond nach der Geburt anscheinend schwieriger und zog sich länger hin, fast bis zum aufsteigenden Quadrat, da die Radix-Sonne und der erste Neumond nach der Geburt im Krebs für sie sehr vertraut und bindend waren.

Carl Gustav Jung

Die Elementeverteilung bei Jungs zweitem Neumond nach der Geburt (Abb. 39) weist 8 Punkte Feuer auf, 36 Erde, 12 Luft und 10 Punkte Wasser. Dieser zweite Neumond nach der Geburt begann im September 1910. Der Krebs-AC hier fällt direkt auf seinen Neumond vor der Geburt, sodass er bei seiner Arbeit vermutlich an die persönlichen Erlebnisse in seiner Kindheit anknüpfen konnte. Auch der Neumond in der Jungfrau bezieht, wenn man Chiron als Herrscher verwendet, gerade die eigenen besonderen Erfahrungen mit ein, die einem zu Anfang das Gefühl der Andersartigkeit vermitteln. Hatte er als Kind ein ganz anderes familiäres Umfeld als sogenannte «normale» Kinder in «normalen Familien», kam ihm dies jetzt bei der Erforschung der Seele zugute. Die Kombination der Zeichen Krebs und Jungfrau könnte man als Heiler der Seele übersetzen. Und heil, im Sinne von Chiron und gemäß der Lehre von Jung, wird ein Mensch dann, wenn er all seine persönlichen, verdrängten, seelischen Anteile kennenlernt und annimmt sowie wenn er sich mit dem kollektiven Unbewussten der gesamten Menschheit verbindet. Er nannte das den Individuationsweg, wobei ‹individere› ungetrennt, also heil, bedeutet. Wenn man dieses Neumond-Horoskop mit seinem Radixhoroskop vergleicht, springt einem Folgendes ins Auge: Der AC aus dem Neumond-

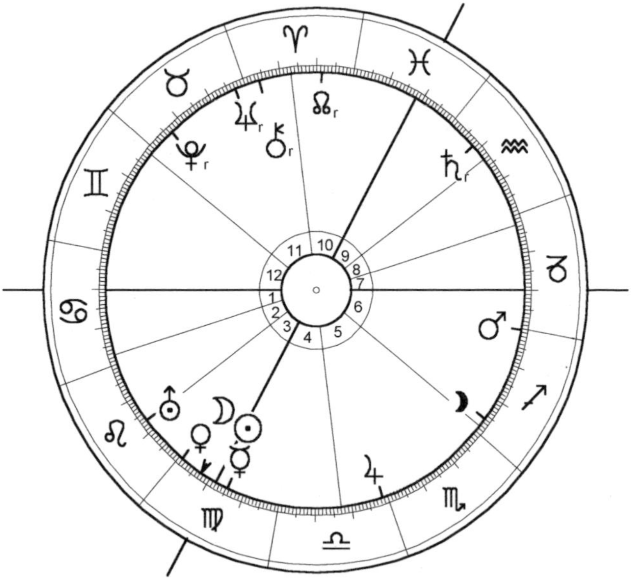

Abb. 39: C. G. Jung, zweiter Neumond nach der Geburt, 30.8.1875; 23.41.30 Uhr; Kesswil (CH) Beginn: 10/1910; aufsteigendes Quadrat: 1/1918; Opposition: 4/1925; absteigendes Quadrat: 7/1931; Ende: 2/1938

Horoskop betont sein 6. Radix-Haus (Jungfrau Analogiekette) und fällt direkt auf seinen Krebs-Merkur, eine Kombination von Jungfrau und Krebs. Im Neumond-Horoskop finden wir einen Krebs-AC, den Jungfrau-Neumond im 3. Haus und den Merkur in der Jungfrau dominant am IC, wieder eine Jungfrau-Krebs-Kombination. Er wollte es also nicht nur für sich selbst erleben, sondern über seine Ideen, Erkenntnisse und neuen Konzepte auch reden, schreiben, sie mit dem Neumond, der in sein 7. Radix-Haus fällt, seinen Mitmenschen vermitteln.

C.G. Jung erlebte auch noch den dritten Neumond nach der Geburt in der Waage.

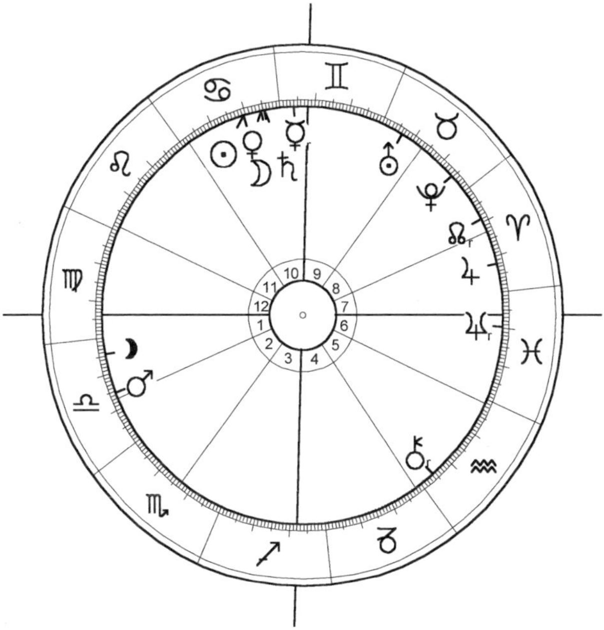

Abb. 40: Sigmund Freud, zweiter Neumond nach der Geburt, 2.7.1856; 9.30.39 Uhr, Freiberg/Mähren. Beginn: 12/1912; aufsteigendes Quadrat: 4/1920; Opposition: 6/1927; absteigendes Quadrat: 10/1933; Ende: 4/1940

Sigmund Freud

Bei der Elementeverteilung von Freud zweitem Neumond nach der Geburt (Abb. 40) fallen 6 Punkte auf Feuer, 10 auf Erde, 16 auf Luft und 34 Punkte auf Wasser. Sein individueller Neumond begann 1912, in dem Jahr, in dem es mit C.G. Jung zum Bruch kam, da dieser ihn kritisierte. Jungs AC aus dem Horoskop des zweiten Neumondes nach der Geburt fällt gradgenau auf den individuellen Neumond von Freud. Wir erinnern uns, dass genau hier auch der Neumond vor der Geburt von Jung steht und dieser Neumond beim Treffen mit Freud 1907 sowohl eine Konjunktion vom transitierenden Neptun als auch eine Opposition von Uranus und Mars erfuhr. Diese zwei bedeutenden Männer hatten also über ihre Neumonde eine tiefe Verbindung, und auch Transite über wichtige Punkte im Neumond betrafen sie beide gleichzeitig.

Freud hat zudem die gleiche Zeichenkombination wie Jung, nur sind AC und Neumondstellung vertauscht. Also lag es ihm wohl auch am Herzen, ein Heiler der Seele zu sein. Die Übereinstimmungen dieser beiden Urväter der modernen Psychologie sind schon frappierend, was im Vergleich der beiden Radizes nicht zu erkennen wäre.

Freuds individueller Neumond fällt ins 10. Haus des Neumond-Horoskops mit dem dominanten Merkur am MC (bei Jung am IC), somit wollte er vermutlich als Autorität angesehen werden und fühlte sich wohl auch deshalb sehr getroffen von Jungs Kritik (sowohl Jungfrau-AC als auch Krebs-Neumond können persönlich gekränkt und verletzt reagieren).

Der Neumond fällt im Geburtshoroskop ins 9. und der AC ins 11. Haus, so lag es ihm sicher auch am Herzen, ja, es machte ihm «Spaß», neue revolutionäre Erkenntnisse zu lehren.

Die zyklische Entwicklung dieses Neumond-Horoskops lässt sich an Freuds wichtigen Schriften nachvollziehen. Im Jahr 1933, der Phase des absteigenden Quadrats, werden seine Werke ebenso verbrannt wie die mit Albert Einstein gemeinsam verfasste Schrift *Warum Krieg*. Er stirbt in der Dunkelmond-Phase, wenige Monate vor Vollendung dieses individuellen Neumondes (April 1940), am 23. September 1939 im Londoner Exil.

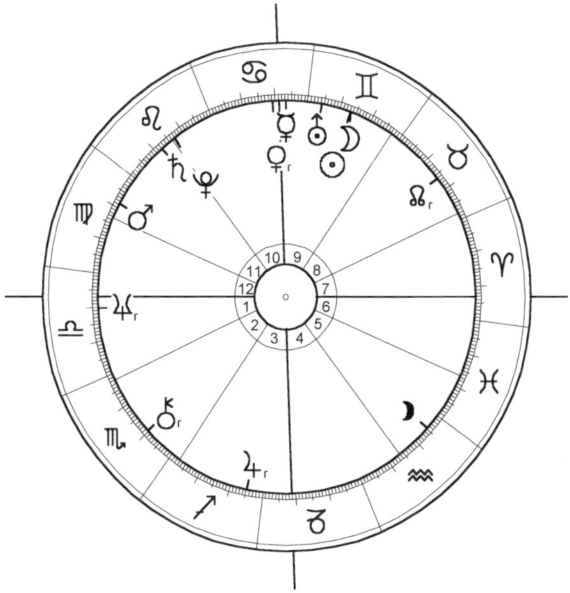

Abb. 41: Joschka Fischer, zweiter Neumond nach der Geburt, 7.6.1948, 12.55.26 Uhr, Gerabronn. Beginn: 8/2004

Joschka Fischer

Die Auszählung der Elemente in den Zeichen von Joschka Fischers zweitem Neumond nach der Geburt (Abb. 41) ergibt 12 Punkte Feuer, 8 Erde, 30 Luft und 16 Punkte Wasser. In diesem Horoskop sind alle Achsen aus dem Radixhoroskop umgekehrt: Der AC des Geburtshoroskops wird zum DC, das IC des Radix wird im Neumond-Horoskop zum MC.

Wir «spekulierten» vor einigen Jahren im Unterricht, was dem Horoskopeigner mit dieser Symbolik wohl Spaß machen würde, und hatten folgende Ideen:

Lehren, vielleicht im Ausland; schreiben über das, was er (vielleicht ganz subjektiv und emotional) während seiner politischen Zeit erlebt hatte; Diplomat in Krisenzeiten oder Krisenregionen; reden oder schreiben über weltanschauliche Themen, über Sinn und Wachstum usw.

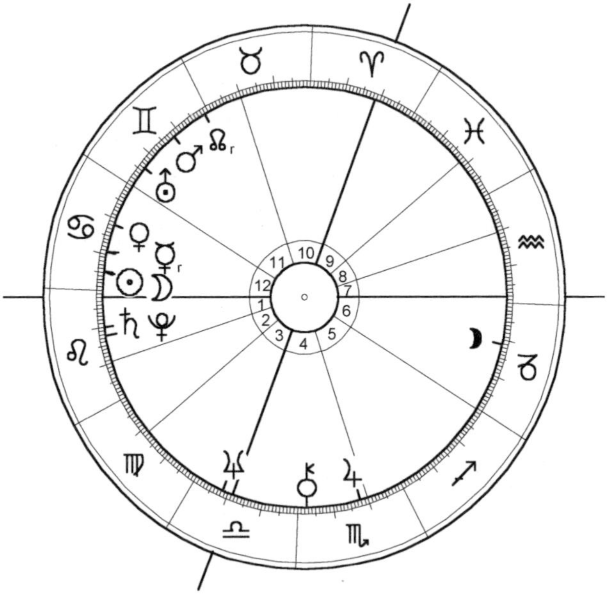

Abb. 42: Konstantin Wecker, zweiter Neumond nach der Geburt, 18.7.1947, 4.15.15 Uhr, München, Beginn: 3/1994; aufsteigendes Quadrat: 7/2000; Opposition: 12/2007

Möglicherweise steht jetzt auch nicht mehr der Kampf im Vordergrund, sondern er gewinnt innere Gelassenheit und die Verbindung mit den Menschen wird ihm wichtiger (macht mehr Spaß), als die Unterscheidung. Im Radixhoroskop, hat er 0 Punkte Wasser, jetzt immerhin 16 Punkte.

Wir werden dieses Horoskop im Abschnitt über die Synastrie noch einmal heranziehen.

Konstantin Wecker

Die Elementeverteilung für den zweiten Neumond nach er Geburt von Konstantin Wecker (Abb. 42) zeigt 16 Punkte Feuer, 8 Luft, 42 Wasser und keine Punkte für Erde. Sein zweiter Neumond ist im Krebs und begann 1994. Zwei Jahre später, im Februar 1996, heiratete Wecker, 1997 und 1999 wurden seine beiden Söhne geboren. Wie Steffi Graf, die sich im gleichen Rhythmus befindet, gründete auch er eine Familie.

Seine «Drogenkarriere» war allerdings erst mit dem aufsteigenden Quadrat im Sommer 2000 abgeschlossen. Er wurde in dritter Instanz auf Bewährung verurteilt.

Auch in diesem Horoskop, wie im Neumond vor der Geburt, hat er einen dominanten Neptun, zudem steht der Neumond im 12. Haus. Jetzt macht es ihm offensichtlich mehr «Spaß», sich um seine Familie zu kümmern (sich zu Hause zu fühlen) und sich für die Friedensbewegung (Mitmenschlichkeit, Weltverbesserung, Ideale) einzusetzen, als im Drogenrausch «abzutauchen».

Johannes Paul II.

Johannes Paul II. wurde mit Beginn seines zweiten Neumondes zum Papst gewählt und seine Amtszeit endete mit dem Abschluss dieses Neumond-Zyklus.

Bei der Elementeverteilung im Radixhoroskop von Papst Johannes Paul II. (Abb. 43) ist Erde mit Abstand das stärkste Element, sie bekommt 42 Punkte, Feuer 6, Luft 18 und Wasser gar keine Punkte.

Beim Horoskop für den zweiten Neumond nach Geburt (Abb. 44) ist Erde mit nur noch 6 Punkten deutlich schwächer vertreten, dafür ist jetzt Wasser mit 46 Punkten stärkstes Element. Feuer erhält 14 und Luft keine Punkte. Bei beiden Horoskopen ist also eine deutliche Polarisierung vorhanden. Der zweite Neumond nach der Geburt begann für Johannes Paul II. im Oktober 1978. Er wurde am 16. Oktober 1978 zum Papst gewählt.

Der Krebs-Neumond im 5. Haus könnte als «ein väterlicher Führer für Mutter Kirche» übersetzt werden, der Fische-AC in Konjunktion mit dem Uranus als «es macht Spaß, ein spiritueller, toleranter, erneuernder Führer zu sein». Allerdings steht

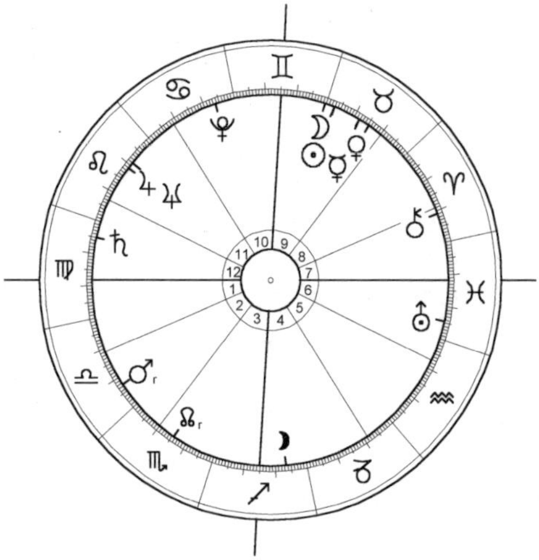

Abb. 43: Papst Johannes Paul II., Radix, 18.5.1920, 13.53, Wadowice (PL)

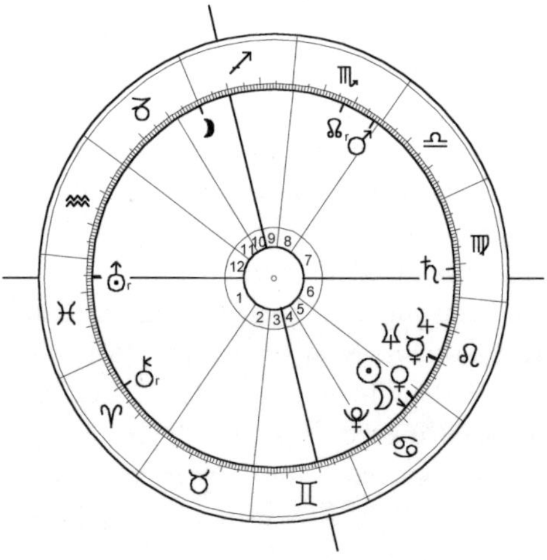

Abb. 44: Johannes Paul II, zweiter Neumond nach der Geburt, 15.7.1920, 20.24.37 Uhr, Wadowice (PL), Beginn: 10/1978; aufsteigendes Quadrat: 3/1985; Opposition: 8/1992; absteigendes Quadrat: 10/1999; Ende: 12/2005

der Saturn ebenfalls dominant am DC, was es ihm in «Mutter Kirche» mit den historisch gewachsenen Strukturen nicht so leicht gemacht haben dürfte, Reformen oder neue Gedanken einzubringen.

Dieser Neumond endete im Februar 2006. Johannes Paul II. verstarb am 2.4.2005. Der neue Papst, Benedikt XVI., hat, wie bei Freud und Jung, über die Neumond-Horoskope eine enge Verbindung zu seinem Vorgänger. Das Horoskop ist im Abschnitt über den dritten Neumond nach der Geburt zu finden.

Der dritte Neumond nach der Geburt

Der Essenz-Neumond

Der dritte Neumond nach der Geburt steht immer im Quadrat-Zeichen zum Neumond vor der Geburt und beginnt frühestens im Alter von 60 Jahren und spätestens mit 90 Jahren. Da die Menschen heute älter werden, ist zu vermuten, dass immer mehr von ihnen diesen Neumond erleben.

Ich persönlich kenne noch nicht sehr viele Menschen, die sich bereits in dem Lebensabschnitt des dritten Neumondes nach der Geburt befinden. Darum sind meine Erfahrungen auf dem Hintergrund der weniger zahlreichen Beobachtungen noch nicht in dem Maße gesichert wie bei den übrigen Neumond-Horoskopen. Deshalb werde ich die Überlegungen zum dritten Neumond nach der Geburt als Gedanken und Ideen vermitteln ohne Anspruch auf exakte Deutungskriterien.

In der Planeten-Analogie-Kette ordne ich diesen Neumond symbolisch dem Pluto zu.

Der innerste Kreis ist Saturn, unsere körperliche Existenz in der Welt. Der nächste Kreis wird von Uranus gebildet, unsere geistige Idee und beide umfasst der Kreis des Neptun, das Symbol für die Einheit.

Die drei bisher behandelten Neumond-Horoskope entsprechen als «Zweck unseres Daseins» diesen Kreisen, wobei Neptun die Vereinigung bildet zwischen Körper und Geist, zwischen Idee und Realität, dem dritten Zweck unseres Daseins, der Entwicklung unserer Seele hin zur Ganzheit. Damit ist unser bisheriges Bewusstsein von Entwicklung und Einheit

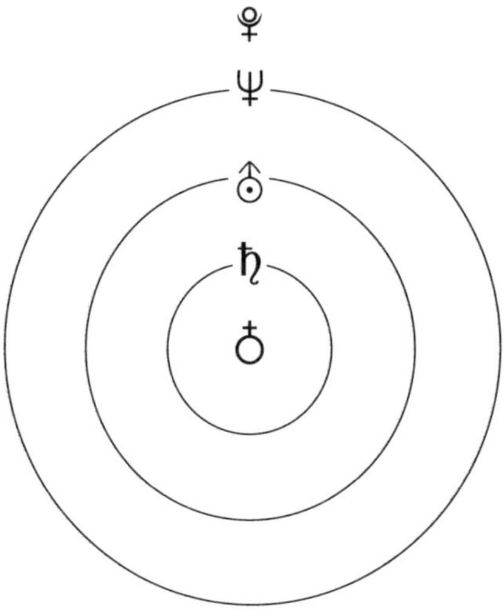

Abb. 45: Der dritte Neumond nach der Geburt als Entsprechung Plutos

am Höhe- bzw. Zielpunkt angelangt; wenn wir ihn erreicht haben, sind wir eins, haben die Spaltung von Körper und Geist überwunden. Allerdings stellt sich die Frage, wer von uns «Normalsterblichen» dieses Ziel erreichen kann oder ob wir es nur anstreben können.

Pluto steht nun außerhalb des Ganzen, außerhalb dieser Einheit. Er symbolisiert eine neue Dimension, die uns bis heute zum Großteil verschlossen ist. Schauen wir uns noch einmal den Rhythmus im Tierkreis bzw. im Häuserkreis an:

Das Zeichen Skorpion mit seinem Herrscher Pluto kennzeichnet das Ende eines persönlichen Wachstumsweges. Schon mit dem Zeichen Waage oder dem 7. Haus, dem ersten über der Horizontlinie, beginnt die Umorientierung vom Ich zum Du, vom Persönlichen zum Überpersönlichen. Im Skorpion oder entsprechend im 8. Haus endet der individuelle Anspruch endgültig. Analog dazu können wir in der Natur zur Skorpion-Zeit im November beobachten, wie alles Überflüssige vergeht, sich auf den Kern reduziert, in dem doch die Information für einen neuen Zyklus steckt. Alles in der Natur hat seine Pflicht getan, seine Aufgabe erfüllt. So ist beispielsweise die Pflanze im Frühling durchgebrochen, ist bis zur Blütezeit im Sommer gewachsen und hat Früchte angesetzt, in denen sich die Samen entwickelten. Jetzt im November ist ihre Zeit vorbei. Denn sie hat mit den von ihr produzierten Samen für den Fortbestand der Art gesorgt. Aber was aus den Nachkommen wird, ist nun nicht mehr ihre Verpflichtung. Die im Kern gebündelte Energie ist die Basis für den neuen Zyklus, und mit der «Kernspaltung» im Frühjahr erwächst daraus eine neue Pflanze, deren Entstehen aber auf dem vorangegangenen Zyklus basiert. Es erfolgt also keine neue «Fremd-Zeugung», sondern das Neue erwächst aus der Information des im Kern gebündelten «Alten». So ist für mich Pluto als Herrscher des Skorpions die aus sich heraus schöpfende Kraft von Mutter Erde, die weibliche Schöpfungskraft.

Wir können diese Skorpion-Zeit im Jahreslauf mit einem Menschen vergleichen, der sich im dritten Neumond nach der Geburt befindet. Im optimalen Fall hat auch er die vorangegangenen Phasen ihrem Thema entsprechend erfahren und entwickelt, kann alles Überflüssige loslassen und sich auf die Essenz seines Lebens reduzieren und seine gesammelten Erfahrungen weitergeben als Samen für die nächste Generation. Es geht in dieser Phase des Lebens nicht mehr darum, sich oder den anderen etwas zu beweisen oder etwas zu erschaffen, das äußere Anerkennung und Beachtung erfährt, sondern sein Leben auf den «Punkt» zu bringen. Was war rückblickend von all dem, was man erlebt hat, wesentlich? Da kristallisieren sich vielleicht ganz andere Dinge heraus, die einem als wichtiges Erlebnis oder als entscheidende Erfahrung in Erinnerung geblieben sind, ganz anders, als man in jungen Jahren dachte. Und das Horoskop des dritten Neumondes nach der Geburt ist sozusagen die symbolische Abbildung dieser Quintessenz. Das Horoskop ist demnach eine Empfehlung davon, was in Zukunft das Wesentliche sein soll, was weitergegeben werden kann. Der Mensch kann nun auch aus sich heraus schöpfen und Erkenntnisse und Ideen weitergeben, die auf seinen Erfahrungen basieren. Das ist in der positiven Entsprechung die sogenannte «Altersweisheit», die bei Bedarf das Wissen zur Verfügung stellt, ohne allerdings den Anspruch zu erheben, dass die Jugend es genauso nachmacht.

In den sogenannten «Naturvölkern» wurde den Alten immer eine große Achtung entgegengebracht. Das ist heute oft anders. In unserer Gesellschaft muss man jung, fit und dynamisch bleiben, um dazuzugehören oder Anerkennung zu bekommen. Alle Anzeichen von Alter sollten möglichst vermieden oder beseitigt werden. Alt zu sein ist nicht erstrebenswert. Und damit wird auch die Erfahrung oder die Weisheit, die dieser Mensch gesammelt hat, abgewertet oder missachtet. Er hat nichts mehr zu bieten, kommt sich nutzlos vor. Sein Leben ist sinnlos geworden, zumindest im Hinblick auf seinen Platz in der Gesellschaft. Es gab vor kurzem ein Werbeplakat, das diese unterschiedliche Einstellung in Bezug auf das Alter verdeutlicht: Darauf war ein älterer Mann abgebildet und die Unterschrift lautete «Altes Eisen oder alter Hase?»

So ist das Erleben des dritten Neumondes nach der Geburt extrem unterschiedlich für die Betreffenden, zumindest nach meinen bisherigen Beobachtungen.

Für die einen beginnt nämlich jetzt die Zeit des Alterns im Sinne von «altes Eisen», die anderen haben die Möglichkeit, dass ihre Erfahrungen geschätzt werden, und können sich so eher als «alter Hase» sehen. Erstere fühlen sich nicht mehr gebraucht, resignieren und finden oft keinen weiteren Sinn in ihrem Leben. Sie erleben sich an den Rand der Gesellschaft gedrängt, ausgeschlossen und damit oft einsam. Auch diverse Hobbys, Reisen oder Familie füllen sie nicht aus. Dabei hatte man sich doch so auf den wohlverdienten Ruhestand gefreut! Und jetzt ist da nur Leere! Was soll man noch hier? Wozu ist man noch nütze? Das sind Fragen, die diese Menschen zuweilen in eine Depression stürzen lassen. Manche versuchen dann, sich an Dinge, Aufgaben oder Menschen, z.B. die Familie, zu klammern, um wenigstens noch ein bisschen das Gefühl von Bedeutung zu bekommen. Früher waren diese Menschen im Familienverbund der Großfamilie auch wichtig, hatten noch ihre Aufgaben, und wenn es nur das Hüten der Enkelkinder war. Heute gibt es in der Regel auch diesen Verband nicht mehr und in der Zukunft wird es für die vielen Singles und Alleinlebenden noch schwerer, das Ende der Arbeitszeit nicht als Leere zu erleben.

Ich habe in Gesprächen mit diesen Menschen den Eindruck gewonnen, dass sie bereits ihren individuellen Neumond, den zweiten nach der Geburt, nie richtig leben konnten. Sie fühlten sich nach Dunkelmond-Phase, Übergang und eventueller Krise weiterhin dem ersten Neumond nach der Geburt verpflichtet und erfüllten oft die erwarteten Rollen auch in der Zeit, in der es eher um ihre eigene Entwicklung ging. Sie definierten sich über diese Funktion; fällt diese nun mit dem Alter weg, dann ist da wenig, auf das sie zurückgreifen können.

Die Auswertung der Vergangenheit ist bei dieser Art des Erlebens – besonders in der Übergangsphase vom zweiten Neumond zum dritten Neumond nach der Geburt, der Dunkelmond-Phase – auch wieder extrem unterschiedlich. Die einen erzählen sehr positiv von «früher», vermissen all das, was war, sehr und werten das Momentane ab, denn es will ja gar niemand hören, was sie zu sagen hätten. Die anderen bewerten auch ihre Vergangenheit sehr negativ und sind deshalb der Überzeugung, sie können nichts Nützliches an die nächste Generation weitergeben.

Im Gespräch kommt es bei beiden Varianten darauf an, die Betreffenden anzuregen, sich bewusst mit den vergangenen Lebensabschnitten zu beschäftigen, die wichtigen Erlebnisse und Erfahrungen zu sehen, gleichgültig ob negativ oder positiv erlebte. Auch sogenannte «Fehler» – «hätte ich doch bloß» usw. – beinhalten ein Bündeln an wertvollen Essenzen, die es lohnt, weiterzugeben.

Dies ist die Zeit der Biografien. Viele Menschen verspüren den Drang, ihr Leben aufzuschreiben, um es der Nachwelt zu hinterlassen. Und dazu mache ich ihnen in Beratungen auch Mut und versuche, ihnen nahezubringen, wie wichtig es für die Nachkommen ist, ihre Wurzeln zu kennen, da diese plutonisch unbewusst als psychologisches Erbe in ihnen weiterwirken.

«Woher weiß ich, wohin ich gehen soll, wenn ich nicht weiß, woher ich komme?» – ein Satz aus *Alice im Wunderland*, der oft hilft, zur Feder zu greifen.

Ich möchte zwei Beispiel aus meiner Praxis heranziehen, um diese unterschiedlichen Arten des Erlebens im dritten Neumond nach der Geburt zu verdeutlichen.

Erna

In ihrem Geburtshoroskop hat Erna eine Luftbetonung, im Horoskop des dritten Neumondes nach der Geburt dominiert mit 42 Punkten Erde, Feuer bekommt 8, Luft 6 und Wasser hat 10 Punkte. Der Neumond vor der Geburt ist im Wassermann, der erste nach der Geburt in den Fischen, und da auch ihre Radix-Sonne in diesem Zeichen steht, hat sie sich sehr damit identifiziert und den Absprung in den individuellen Widder-Neumond (den zweiten Neumond nach der Geburt) nicht für sich und die eigenen Ziele nutzen können.

Erna kam zu mir in die Beratung wegen Depressionen. Im Laufe des ersten Gesprächs stellte sie ihr ganzes Leben infrage, sie hätte nichts geleistet, nichts geschafft und schon gar nichts zu vererben, da sie ja nie Geld verdient hätte. Sie litt unter ständigen Schuldgefühlen, weil sie angeblich nicht genug getan hatte. Dabei stand sie ihr ganzes Leben im Dienst ihrer Herkunftsfamilie, dann ihres Mannes und ihrer drei Kinder, hatte schwer in der Landwirtschaft gearbeitet, nichts für sich verlangt, nicht mal Urlaub usw.

Bei unserem zweiten Treffen zeigte ich ihr das Buch *Herbst-*

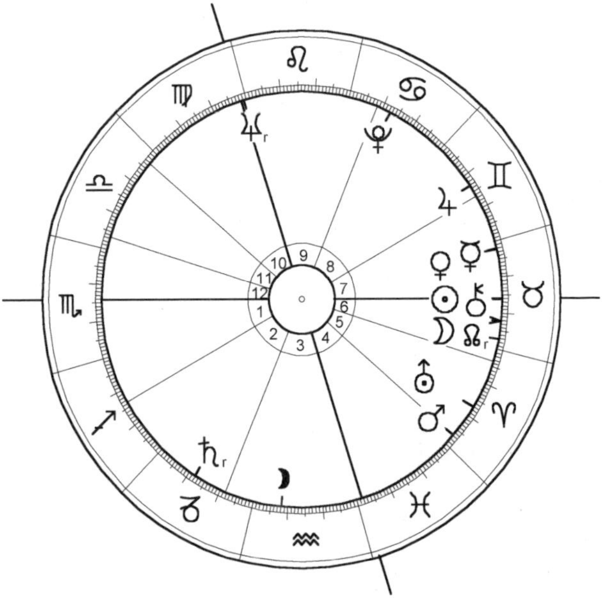

Abb. 46: Erna, dritter Neumond nach der Geburt

milch von Anna Wimschneider, der Lebensbericht einer Bäuerin. Sie ließ sich davon anregen, Schreiben gefiel ihr und eigentlich wollte sie das schon lange. Außerdem war diese Autorin ja auch eine einfache Frau gewesen und hatte es trotzdem geschafft. Sie wurde in dieser Phase des Gesprächs sehr lebendig und erzählte einige lustige Anekdoten aus ihrem Leben. «Daraus könnte man doch auch einen Film machen und dann würde ich sogar mal eigenes Geld verdienen», sagte sie und wollte sich sofort ans Schreiben machen. Nach ein paar Wochen zeigte sie mir stolz 80 Seiten, die sie geschrieben hatte. Aber dann kam der Einbruch, ihr Mann machte sich über sie lustig, die Kinder interessierten sich nicht dafür und ein Verlag würde es nur drucken, wenn sie selbst bezahlen würde. Und das konnte sie natürlich nicht. All das erzählte sie mir aber erst etwa drei Jahre später, als ich sie zufällig beim Einkaufen traf. Sie müsse jetzt Tabletten nehmen (ich vermutete Antidepressiva) und die machten sie so müde und vergesslich, sodass sie sich nicht konzentrieren und nicht mehr schreiben könne. Und es sei ja sowieso sinnlos gewesen. Was hätte sie denn schon zu sagen.

Sie hatte den Absprung nicht geschafft und war in die Resignation zurückgefallen, sah sich selbst zum «alten Eisen» gehörend.

Wenn man sich das Horoskop anschaut als Empfehlung für die Quintessenz ihres Lebens, könnte man zu folgenden Deutungen kommen:

Mit dem Neumond im 6. Haus im Stier die eigenen Erfahrungen als Gaben mit Wert anzusehen. Zum Beispiel die Essenz aus ihrem Erleben: «Gib dich nicht auf, sondern schätze dich wert und erfülle nur die Aufgaben, die deinen Gaben entsprechen.» Das korrespondiert auch mit dem dominanten Neptun am Jungfrau-MC. Ebenso unterstützt der dominante Chiron am DC das Thema: «Gib das heilend an andere weiter, was du an eigener Leiderfahrung gemacht hast.» Eine andere Essenz, verbunden mit dem Skorpion-AC, könnte sein: «Genieße das Leben intensiv und im Moment und freu dich an dir, solange du da bist, trotz oder gerade wegen der Krisen. Es gibt immer einen Mai nach einem November.»

Möglicherweise hätte sie durch das Schreiben ihrer Geschichte zu dieser Essenz ihres Lebens finden können.

Ein anderes Beispiel aus meiner Praxis, welches im Gegensatz zum ersten Beispiel die zweite Erlebnisqualität des dritten Neumondes nach der Geburt verdeutlicht.

Rosa

In ihrem dritten Neumond nach der Geburt hat Rosa folgende Elementeverteilung: Feuer bekommt 14 Punkte, Erde 28, Luft 14 und das Wasser 10 Punkte. Rosa gehört zu der Gruppe von Menschen in dieser Phase, die sich als «alter Hase» fühlen. 2006 hat sie ihre Ausbildung als Astrologin abgeschlossen und

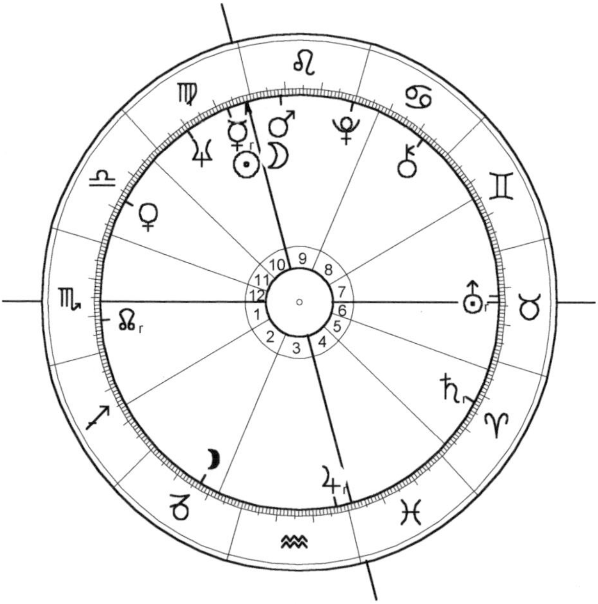

Abb. 47: Rosa, dritter Neumond nach der Geburt

möchte jetzt mit ihrer reichen Lebenserfahrung als seelischer «Entwicklungshelfer» dienen.

Ihr zweiter Neumond nach der Geburt stand im Löwen am AC und hatte 34 Feuerpunkte. Sie war in der Waldorfschule sehr engagiert bei der Theaterarbeit tätig und auch sonst bei allem, was anfiel, vorne mit dabei. Sie sei auch sehr bestimmend in ihrer Weltanschauung gewesen und hätte sich oft ungebeten eingemischt. Das war ihr manchmal selbst unangenehm, aber heute wäre sie ruhiger und gelassener (28 Erdpunkte) und bringe sich nur noch auf Wunsch oder Bitten hin ein. Sie sei auch sich selbst und anderen gegenüber viel toleranter geworden, könne jeden in seiner Eigenart annehmen und so lassen. Dieses Gefühl kann sie ihrem Gegenüber wohl auch in Gesprächen und Beratungen vermitteln, denn viele bezeichnen sie jetzt als weise Frau, und das freut sie sehr.

Rosa hat sich in letzter Zeit oft mit dem Thema «Was war das Eigentliche in meinem Leben?» auseinandergesetzt, spricht darüber auch mit anderen, Jüngeren, und gibt ihnen so Impulse, auch darüber nachzudenken, um ein authentisches Leben führen zu können. Sie sagt: «Ich glaube, das ist die Essenz meines Lebens und das möchte ich noch weitergeben.»

Wenn wir das Horoskop deuten, finden wir mit dem Neumond am MC in der Jungfrau ihren Wunsch, die Essenz ihres Lebens nach außen, vielleicht auch noch beruflich, weiterzugeben, sich in einen überpersönlichen Dienst zu stellen. In der Kombination von Neumond und AC im Skorpion finden wir auch die Entsprechung der alten Weisen, die heilt, indem sie den Menschen hilft, sich in der eigenen Art anzunehmen.

Als letztes Beispiel ein kurzer Blick auf das Horoskop des dritten Neumondes nach der Geburt von Papst Benedikt XVI., der als Nachfolger von Johannes Paul II. über diesen Neumond eine interessante Verbindung zu ihm hat.

Papst Benedikt XVI.

In seinem Radixhoroskop hat Papst Benedikt XVI. (Abb. 48) folgende Elementeverteilung: Feuer bekommt 16 Punkte, Erde 8, Luft 18 und Wasser 24 Punkte.

Im Horoskop für den dritten Neumond nach der Geburt (Abb. 49) ist Feuer mit 46 Punkten stärkstes Element, gefolgt von Wasser mit 20, Erde und Luft erhalten keine Punkte. Der dritte Neumond nach der Geburt begann für Papst Benedikt im Juni 2001. Vier Jahre später, am 19.4.2005, kurz nach seinem 78. Geburtstag wurde er zum Nachfolger von Johannes Paul II. gewählt. Die Sonne stand an diesem Tag ganz exakt auf dem MC des Horoskops seines dritten Neumondes nach der Geburt. Sein dritter Neumond nach der Geburt befindet sich wie der zweite nach der Geburt von Johannes Paul II. im Krebs. Zur Begründung seiner Wahl wurde oft gesagt, er würde das Werk seines Vorgängers fortsetzen, sie wären enge Vertraute gewe-

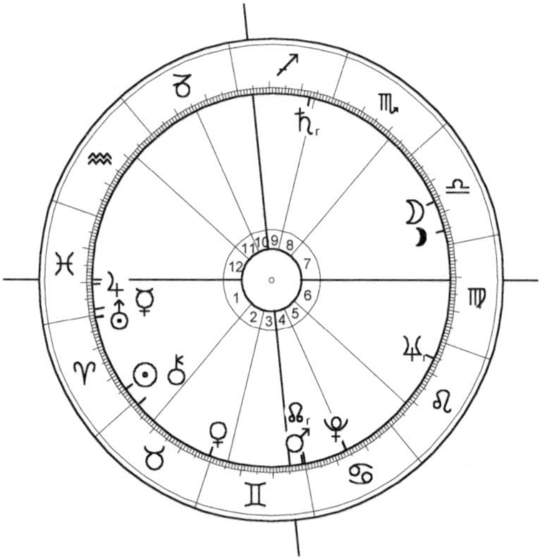

Abb. 48: Papst Benedikt XVI., Radix, 16.4.1927,
4.15 Uhr, Marktl

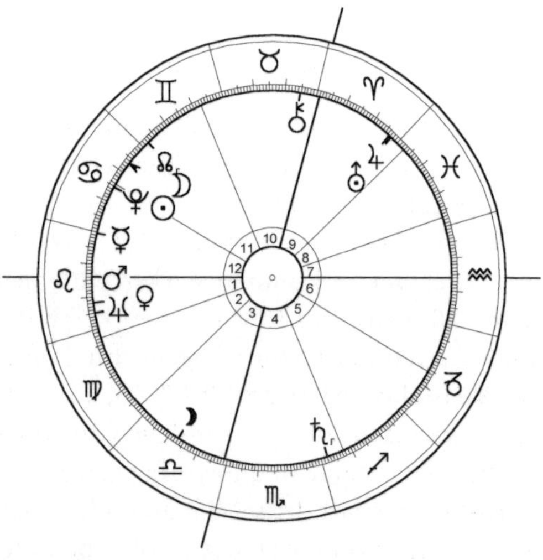

Abb. 49: Papst Benedikt XVI., dritter Neumond nach der Geburt,
29.6.1927, 6.31.51 Uhr, Marktl, Beginn: 6/2001;
aufsteigendes Quadrat: 7/2008

sen. Der Krebs Neumond verbindet also beide Päpste. Papst Benedikt setzt die Arbeit seines Vorgängers fort, aber mit dem Löwe-Mars in genauer Konjunktion zum Löwe-AC und der Feuerbetonung wird er wohl auch eigene Wege gehen wollen.

Ab Juli 2008 tritt er in die Phase des aufsteigenden Quadrats ein, und vielleicht «bricht» da das Eigene, die Essenz seines Lebens, die er als Vater von Mutter Kirche weitergeben möchte, für alle sichtbar nach außen durch.

Weiterführende Techniken und Deutungskriterien

Synastrie Radixhoroskop zu den Neumond-Horoskopen

Die individuelle, ergänzende Auswahl

Bisher haben wir uns bei der Deutung der Neumond-Horoskope auf die Stellung des Neumondes in Haus und Zeichen sowie des AC beschränkt, wobei Sonne und AC im Radixhoroskop als ausführende Instrumente miteinbezogen wurden. Der nächste Schritt für eine umfassendere Deutung des Neumond-Horoskops ist die Synastrie.

Da dies technisch und zeitlich aufwendiger ist, lohnt es sich nur bei einer speziell spirituellen Fragestellung des Klienten. Bei diesem Beratungsanliegen beziehe ich auch die «Sabischen Symbole» in die Deutung mit ein, und zwar für den Neumond, den AC und den meistaktivierten Planeten (siehe die folgende Auswertung).[12]

Der grundsätzliche Nutzen einer Synastrie ist nicht unerheblich, denn die drei Neumond-Horoskope betreffen eine große Anzahl von Menschen, das heißt alle, die im Verlauf dieses Zyklus geboren sind. Die Stellung des Neumondes ist dabei für jeden von ihnen gleich, die Gradzahl des AC kann, abhängig vom Geburtsort, variieren und damit möglicherweise auch die Häuserstellung

12 Ich verwende dazu das Buch Dane Rudhyar *Astrologischer Tierkreis und Bewusstsein*, Hamburg, 1992, das leider vergriffen ist. Die Sabischen Symbole finden sich in einer Kurzform auch in Dane Rudhyar, *Astrologie der Persönlichkeit*, Tübingen, 2001.

des Neumondes oder gar das Zeichen des AC beeinflussen. Diese beiden Faktoren sind also schon etwas individueller.

Im Neumond-Horoskop sind aber auch alle anderen Planeten vorhanden, die ebenfalls zur Verwirklichung gelangen möchten, sei es im Neumond vor der Geburt als spiritueller Impuls, im ersten Neumond nach der Geburt als Rolle im Sippen- oder Familienverbund oder im zweiten Neumond nach der Geburt als Potenzial zur eigenen seelischen Weiterentwicklung.

Durch die individuellen Planetenanordnungen in den Radixhoroskopen ergeben sich bei einem Vergleich von Neumond-Horoskop und Radix unterschiedliche Aspektverbindungen. Beim einen haben z.B. die meisten Radix-Planeten einen Aspekt mit der Venus im Neumond-Horoskop, beim anderen mit dem Saturn. Jeder «übernimmt» damit noch einen zusätzlichen Faktor aus dem jeweiligen Neumond-Horoskop, und den findet man, indem man um das Neumond-Horoskop die Radix-Planeten setzt und den Planeten im Neumond-Horoskop sucht, der von den Radix-Planeten die meisten Aspekte bekommt.

Zur Vereinfachung der Deutungs- und Übersetzungsarbeit kann nun dieser Planet als Herrscher des jeweiligen Zeichens mit den schon ausführlich formulierten Zeichen-Funktionen der drei Neumond-Horoskope analog gesetzt werden. Zur Verdeutlichung zwei Beispiele: Saturn wird als meistaktivierter Planet gefunden. Er ist der Herrscher im Zeichen Steinbock. Im Kapitel über den Neumond vor der Geburt sind die Zeichenqualitäten als Geschenke formuliert. Zum Geschenk des AC und des Neumondes kommt also noch das Geschenk Steinbock dazu. Mit Mars als meistaktiviertem Planeten käme dagegen das unter Widder beschriebene Geschenk dazu.

Zusätzlich wird das Haus im Neumond-Horoskop als Thema hervorgehoben, in das der AC des Radix fällt. Dieses Haus darf allerdings nicht als Lebensbereich übersetzt werden, sondern als «Idee», da die Neumond-Horoskope insgesamt als spirituelle Ideen erst durch das Radixhoroskop in die Realität umgesetzt werden können.

Man zeichne außen um das Neumond-Horoskop die Planeten und die Hauptachsen AC/DC und IC/MC des Radixhoroskops. Die meisten Computerprogramme bieten diesen Ausdruck an, sodass man es nicht mehr von Hand zeichnen muss.

Das Haus im Neumond-Horoskop, in das der AC fällt, wird zur Kennzeichnung farbig markiert. Dabei gilt die Regel, dass das letzte Sechstel eines Hauses schon zum nächsten Haus gehörend gedeutet wird. Bei einem beispielsweise 30° großen Haus gehören die letzten 5° schon zum nächsten. Steht der AC des Radix also in den letzten 5° des Neumond-Hauses, ist das nächstfolgende als Idee zu markieren, die hervorgehoben wird. Ist ein Haus hingegen kleiner, umfasst z.B. nur 24°, ist der schon zum nächsten Haus gehörende Bereich entsprechend kleiner, in diesem Fall nur 4°. Das Gleiche gilt für ein Haus, das größer als 30° ist. Die letzten 3° eines Hauses werden aber immer schon zum nächsten gehörend gedeutet.

Dieser technische Punkt ist schnell und einfach zu erledigen. Aufwendiger ist die Suche nach den Interaspekten zwischen den beiden Horoskopen. Angesichts der Fülle der Informationen ist es sinnvoll, dabei nur die Hauptaspekte Konjunktion, Opposition, Quadrat, Trigon und zusätzlich das Sextil zu berücksichtigen. Für die Auswertung bieten manche Computerprogramme Aspekt-Listen an, andernfalls muss man die «Finger-Such-Methode» anwenden.

Bei den Interaspekten von außen nach innen ist der maximale Orbis 5°, unterschiedslos für alle Planeten. Allerdings gilt es, Folgendes zu beachten: Da der Neumond vor der Geburt maximal 30 Tage vor der Geburt stattgefunden haben muss, der erste Neumond nach der Geburt höchstens 30 Tage nach der Geburt sein wird und die Langsamläufer Uranus, Neptun und Pluto (auch Chiron und sogar Saturn) sich in diesen Tagen nur wenig bewegen, kann man ihre Aspekte untereinander und die Konjunktionen zu sich selbst vernachlässigen. Die persönlichen Planeten von Sonne bis Mars (oft auch Jupiter) im Neumond-Horoskop stehen in der Regel auf anderen Gradzahlen als im Radixhoroskop. Die Aspekte aller Radixplaneten und -Hauptachsen im 5° Orbis zu ihnen werden also genommen, auch wenn einer von ihnen «zufällig» auf demselben Grad steht wie im Radixhoroskop (außer Jupiter). Jupiter muss immer gesondert betrachtet werden, da er sich in den maximal 30 Tagen mal als «Schnellläufer», mal als «Langsamläufer» zeigen kann.

Anhand eines Beispiels lässt sich das besser verdeutlichen: Angenommen Saturn und Jupiter haben im Radixhoroskop ein Quadrat und der Radix-Saturn bildet als Interaspekt von außen nach innen ein Quadrat zum Jupiter im Neumond-Horoskop, stellt also eine reine Wiederholung des schon im Radixhoroskop angelegten Aspektes dar, so wird dieser Interaspekt nicht berücksichtigt. Ist der Aspekt im Radixhoroskop jedoch nicht vorhanden, wird er gewertet.

Anders ist es bei einem der persönlichen Planeten wie Sonne oder Mars. Auch diese können im Neumond an ganz ähnlicher Stelle stehen wie im Radixhoroskop. Ein Aspekt aus der Radix kann sich demnach als Interaspekt wiederholen, wobei diese Interaspekte zu den persönlichen Planeten bis Mars immer genommen werden, weil diese zufällige Stellung nicht der Regel entspricht und damit eine Bedeutung bekommt.

Da die Achsen im Neumond-Horoskop in der Regel andere sind, werden alle Aspekte zu ihnen von sämtlichen Radixplaneten berücksichtigt, auch wenn die Neumond-Achsen zufällig auf ähnlichen Gradzahlen stehen wie im Radixhoroskop. Allerdings beziehe ich sie in die Deutung als hervorgehobenes Thema nur am Rande mit ein und präferiere immer den Planeten mit der nächst folgenden Punktzahl.

Synastrie-Regeln
Neumond innen / Radix außen
«Der zusätzliche Faktor»

- Alle Interaspekte aller Radix-Planeten und Hauptachsen zu den persönlichen Planeten einschließlich Mars und zu den Achsen im Neumond-Horoskop im Orbis von 5° werden gewertet.
- Alle anderen Aspekte werden dahingehend überprüft, ob die beiden Planeten schon einen Aspekt im Radix haben – dann wird der Interaspekt ignoriert –, wenn nicht, dann wird der Interaspekt gewertet.

Auswertung:

- Alle gefundenen Interaspekte werden gezählt und gewichtet.
- Konjunktionen und Oppositionen: 2 Punkte.
- Alle anderen Interaspekte (Sextil, Quadrat, Trigon): 1 Punkt.

Auf diese Weise kristallisiert sich in der Regel ein Planet heraus, der nun im betreffenden Neumond-Horoskop farbig markiert wird und zusätzlich zum Neumond und zum AC gedeutet werden kann, entsprechend der Symbolik des betreffenden Neumond-Horoskops. In manchen Fällen sind es auch mehrere Faktoren mit der gleichen Punktzahl, die zusätzlich zu berücksichtigen sind. Im Gespräch mit dem Klienten ergibt sich dann meistens, welcher ihm am vertrautesten ist.

Der meistaktivierte Planet beim Neumond vor der Geburt

Die zusätzliche Hintergrundmusik des Radixhoroskops

Dieser Planet im Neumond-Horoskop vor der Geburt gestaltet, entsprechend seiner Qualität, die «Hintergrundmusik» mit. Er symbolisiert ein zusätzliches «Geschenk», eine Art und Weise, Impuls zu sein für andere. Auch diese Planetenqualität wird oft von außen wahrgenommen als eine Fähigkeit, die man dem Betroffenen zuschreibt und die man bei ihm sucht. So kann beispielsweise ein Mensch, der in seinem Radixhoroskop wasserbetont ist, bei dem aber der Löwe-Mars im Neumond-Horoskop als meistaktivierter Planet hervorgehoben ist, als viel dynamischer und mutiger erlebt werden, als er von sich selbst vermutet.

Die aktivierten Planeten kann man jetzt der Analogiekette folgend mit den Zeichen-Geschenken verbinden. So ist ein aktivierter Mars, unabhängig von seiner Zeichen- oder Häuserstellung im Neumond-Horoskop ein «Widder-Geschenk», ein aktivierter Saturn entspricht demzufolge dem «Steinbock-Geschenk» usw.

Erst in zweiter Linie sollte man die Zeichen- bzw. Häuserstellung miteinbeziehen.

An den folgenden Beispielen wird dies deutlich.

Joschka Fischer

Der AC aus Fischers Radix fällt in das 9. Haus des Neumond-Horoskops vor der Geburt. Die Idee Jupiter/Schütze wird also noch einmal betont. Da der Neumond auch schon im 9. Haus steht, erfährt er somit eine «Verdopplung» seines Themas. Fischer kann also gar nicht anders, als «überzeugend» zu wirken und andere zur Weiterentwicklung anzuregen.

Auswertung der Interaspekte

Die Planeten im Neumond-Horoskop bekommen folgende Interaspekte von den Radix-Planeten:

Neumond	Konjunktion Sonne, Trigon Mars, Trigon Saturn, Sextil Uranus, Konjunktion AC = 7 Punkte
Merkur	Konjunktion Merkur, Quadrat Jupiter = 3 Punkte
Venus	Sextil Merkur, Konjunktion Venus = 3 Punkte
Mars	Trigon Sonne, Quadrat Mond, Konjunktion Mars, Konjunktion Saturn, Sextil Uranus, Quadrat Chiron, Quadrat Mondknoten, Trigon AC = 10 Punkte
Jupiter	keine Interaspekte = 0 Punkte
Saturn	keine Interaspekte = 0 Punkte
Uranus	keine Interaspekte = 0 Punkte
Neptun	keine Interaspekte = 0 Punkte
Pluto	keine Interaspekte = 0 Punkte
Chiron	keine Interaspekte = 0 Punkte
AC	Trigon Jupiter = 1 Punkt
MC	Konjunktion Mond, Quadrat Mars, Quadrat Saturn, Opposition Chiron = 6 Punkte

Die Auswertung hat den Mars im Löwen und im 12. Haus mit 10 Punkten als meistaktivierten Planeten ergeben, in der Analogiekette also nochmals ein Widder-Geschenk, wodurch sein Widder-Neumond eine Verstärkung erfährt. So ist es nicht erstaunlich, dass wir ihn als so von sich überzeugt und kämpferisch erleben. Allerdings wäre es denkbar, dass das Thema aus dem Radixhoroskop, seine Selbstwahrnehmung, seine Einschätzung über seine Außenwirkung und seine Erfahrungen mit Saturn in Konjunktion zu Mars andere sind, zumal hier im 5. Haus mit diesen beiden Planeten auch noch der Pluto steht.

Die Platzierung dieses Mars im 12. Haus könnte man nun zusätzlich als Idee miteinbeziehen, und zwar als mu-

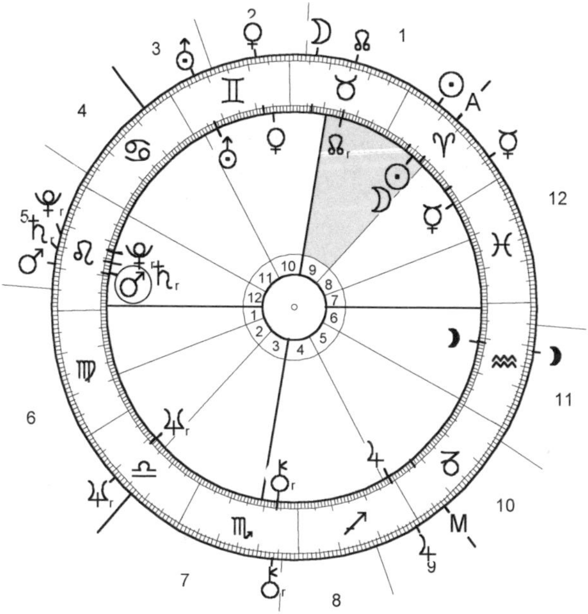

Abb. 50: Joschka Fischer, Synastrie-Horoskop, Neumond vor der Geburt innen / Radix außen

tiger Einsatz für allgemein-mitmenschliche Ideale oder als «Weltverbesserungs-Vision».

Das Sabische Symbol für den Mars auf 19° Löwe lautet: «*Party auf einem Hausboot*».

Rudhyar schreibt unter anderem dazu in seinem bereits weiter vorn erwähnten Buch als Erläuterung für dieses Bild: «Der Genuss einer vorübergehenden Freiheit von festgefügten gesellschaftlichen Verhaltensnormen.»

Darüber hätte man mit Herrn Fischer sicher diskutieren können.

In seinem ersten Neumond nach der Geburt ist ebenfalls der Mars im Löwen der meistaktivierte Planet. Erst im zweiten Neumond nach der Geburt, seinem individuellen Thema, sind es Merkur und Venus im Krebs am MC des Neumond-Horoskops.

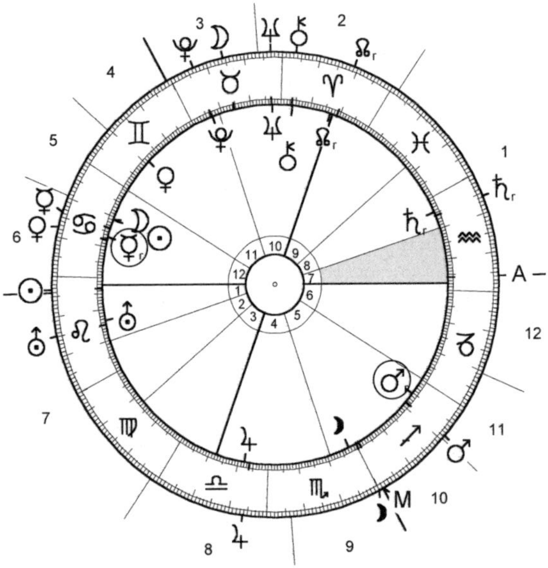

Abb. 51: C. G. Jung, Synastrie-Horoskop Neumond vor der Geburt innen / Radix außen

Carl Gustav Jung

Ein weiteres Beispiel ist Carl Gustav Jung. Wenn man um dieses Neumond-Horoskop herum die Radix-Planeten und Achsen einzeichnet, fällt der AC des Radix ins 7. Haus des Neumondes. Die Idee richtet sich also auf «Beziehungen», «Begegnungen» ganz allgemein, bei Jung sicher auch die Beziehung des Menschen zu sich selbst.

Auffallend sind die umgekehrten Achsen und die Radix-Sonne direkt auf dem Löwe-AC des Neumond-Horoskops, was man als Symbol sehen kann für Jungs Thema der Individuation, der Entwicklung vom Ich zum Selbst.

Auswertung der Interaspekte
Die Planeten im Neumond-Horoskop bekommen folgende Interaspekte von den Radix-Planeten:

Neumond	Sextil Mond, Konjunktion Merkur, Quadrat Mondknoten = 4 Punkte
Merkur	Sextil Mond, Konjunktion Merkur, Konjunktion Venus = 5 Punkte
Venus	Opposition Mars, Trigon Jupiter, Sextil Uranus = 4 Punkte
Mars	Konjunktion Mars, Sextil Jupiter, Sextil Saturn, Trigon Chiron = 5 Punkte
Jupiter	keine Interaspekte = 0 Punkte
Saturn	keine Interaspekte = 0 Punkte
Uranus	keine Interaspekte = 0 Punkte
Neptun	keine Interaspekte = 0 Punkte
Pluto	keine Interaspekte = 0 Punkte
Chiron	keine Interaspekte = 0 Punkte
AC	Konjunktion Sonne, Quadrat Neptun, Opposition AC, Trigon MC = 6 Punkte
MC	Quadrat Merkur, Quadrat Venus, Trigon Uranus, Konjunktion Mondknoten = 5 Punkte

Merkur und Mars sind die Planeten, die die meisten Punkte bekommen. Der AC wird in der Deutung des Neumond-Horoskops schon berücksichtigt, deshalb kann man sich auf Merkur im Krebs im 12. Haus und Mars im Schützen im 5. Haus als zusätzliche Faktoren konzentrieren. Hier wird also das «Zwillinge- und das Widder-Geschenk» noch in die Hintergrund-Schwingung des Neumondes vor der Geburt im Krebs miteinbezogen.

Bei C.G. Jung wäre dies eine Kombination aus «Zwillinge- und Krebsgeschenk»:

«Öffne deine Seele und sei offen für das Leben mit seinen vielen Möglichkeiten.»

Zusätzlich kann man nun noch die Stellung in Haus und Zeichen berücksichtigen, und da betonen das Krebszeichen und das 12. Haus Jungs Interesse an spirituellen Themen allgemein (12. Haus) und die Beziehung zu persönlichen Erfahrungen. Der Merkur stellt quasi eine Verbindung her zwischen dem kollektiven, dem kosmischen und dem persönlichen Unbewussten. Er kann zum Vermittler zwischen diesen drei Welten werden. Das findet man durchaus in den Arbeiten von C.G. Jung wieder.

Das «Widder-Geschenk» in Kombination mit dem Krebs-Neumond vor der Geburt könnte man folgendermaßen übersetzen: «Habe den Mut, deine Gefühle zu zeigen und danach zu handeln.» Mit der Stellung des Mars im Schützen und im 5. Haus strahlte er in seiner Erscheinung das Selbstverständnis und den Mut zu seiner eigenen Weltanschauung aus und konnte sicher auch andere damit initiieren.

Der meistaktivierte Planet beim ersten Neumond nach der Geburt

Ein zusätzlicher «Rollenspieler» für die Funktion beim Familien- und Sippen-Neumond

Das technische Vorgehen ist das gleiche wie beim Neumond vor der Geburt: Die Radix-Planeten um das Neumond-Horoskop einzeichnen, das Haus, in das der Radix-AC fällt, markieren und durch die Interaspekte den meistaktivierten Planeten im Neumond-Horoskop finden.

Wieder ist das Haus als «Idee» zu übersetzen, jetzt in Bezug auf die Rolle, auf die Funktion, die wir im Familien- und Sippenverband übernehmen. Der meistaktivierte Planet gehört mit zur Funktion, und oft ist zu beobachten, dass der Betreffende

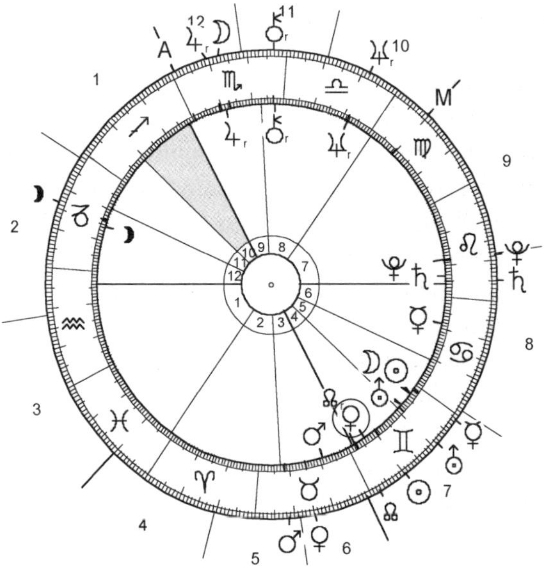

Abb. 52: Konstantin Wecker, Synastrie-Horoskop erster Neumond nach der Geburt innen / Radix außen

diese Qualitäten unabhängig von der Neumondstellung vorgeworfen bekommt oder sie von ihm erwartet werden. So können wir auch hier die Rollen oder Funktionen der Zeichen (siehe Kapitel über den ersten Neumond nach der Geburt) analog auf den meistaktivierten Planeten übertragen. Z.B. übernimmt ein Wassermann-Neumond im ersten Neumond nach der Geburt oder der AC hier im Wassermann eine ähnliche Rolle und Funktion für das Umfeld wie ein Uranus als meistaktivierter Planet.

Die folgenden beiden Beispiele veranschaulichen das Vorgehen.

Konstantin Wecker

Der AC des Radixhoroskops fällt ins 10. Haus des Neumond-Horoskops (Abb. 52) und aktiviert damit die Idee, eine Aufgabe zu übernehmen in Bezug auf gesellschaftliche Themen und Belange.

Der meistaktivierte Planet nach den Auswertungsregeln ist die Venus mit 6 Punkten, der Wassermann-AC bekommt sogar 7, ist also noch einmal betont. Die Kombination der «Zwillinge-Rolle» mit der Venus-Rolle (man kann dafür sowohl die Stier- als auch die Waage-Analogie benutzen) könnte also in einer Zusammenfassung heißen: «Dinge der Welt analysieren» (Zwillinge), indem er «sinnlich begreifbare Werte schafft» (Stier) und damit «Kultur vermittelt» (Waage).

Die Venus befindet sich beim ersten Neumond nach der Geburt in den Zwillingen im 4. Haus. Diese Symbolik kann man mit einer «schönen Stimme» übersetzen oder seine «sinnlich begreifbaren Werte» sind Texte und Lieder, in denen man die emotionale Betroffenheit heraushört.

Maria

Der Radix-AC hebt das 9. Haus als Thema hervor, und da hier bereits der Krebs-Neumond zu finden ist, ist ihr Anliegen, in eine sinnstiftende Gemeinschaft einzutreten, nachvollziehbar. Merkur ist mit 4 Punkten der meistaktivierte Planet, er steht in den Zwillingen und im 9. Haus, somit hat sie die Rolle der eigensinnigen Denkerin übernommen. Ihr Widerspruchsgeist und ihre eigene Meinung brachten ihr in diesem streng hierarchisch geführten Kloster viele Nachteile ein. Als Funktion, eine «saturnische» Aufgabe für andere zu erfüllen, hätte sie aber auch mit ihren jungen und frischen Ideen zur Erneuerung beitragen können.

Wie das Umfeld die Rolle erlebt, steht nicht fest, sondern ergibt sich aus der Kombination. Wenn Maria diese Funktion bekannt gewesen wäre, hätte sie sich auch eine Umgebung, ein Aufgabenfeld suchen können, in dem gerade diese Fähigkeit geschätzt worden wäre.

Maria wird noch einmal als Beispiel bei der umgekehrten

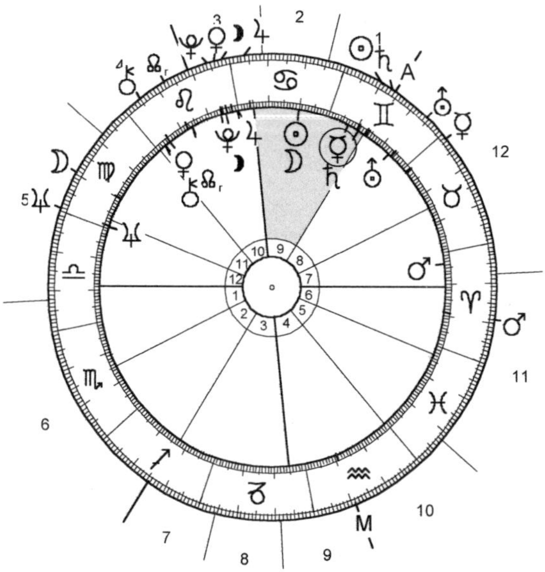

Abb. 53: Maria, Synastrie-Horoskop erster Neumond nach der Geburt innen / Radix außen

Synastrie herangezogen, bei der der meistaktivierte Planet im Radixhoroskop ermittelt wird. Im Zusammenspiel von Neumond-Horoskop und Radix wird dann ersichtlich, wieso sie sich gerade die Glaubensgemeinschaft «Arme Dienstmägde Jesu Christi» ausgesucht hatte mit der dementsprechenden Rolle und Funktion.

Der meistaktivierte Planet beim zweiten Neumond nach der Geburt

Ein weiterer Faktor für die persönliche seelische Weiterentwicklung

Das technische Vorgehen ist wieder das gleiche wie bei den beiden vorangegangenen Neumonden.

Die gefundenen Themen, Haus und meistaktivierter Planet, beziehen sich jetzt auf die eigene seelische Weiterentwicklung, sind also eine Empfehlung, sich mit Spaß, Freude und aus vollem Herzen dieser Symbole zu widmen. Den meistaspektierten Planeten können wir wieder mit der Zeichenqualität in Analogie setzen und uns das im Kapitel über den Neumond vor der Geburt beschriebene Geschenk selbst schenken. Ist z.B. Jupiter der meistaktivierte Planet im zweiten Neumond nach der Geburt, ist es das Schütze-Geschenk, mit dem man sich nun selbst Freude und Spaß gönnen darf, welches man für die persönliche seelische Weiterentwicklung nutzen kann.

An den nächsten drei Beispielen ist dies gut nachzuvollziehen.

Anna

Der AC ihres Radix fällt in das 2. Haus ihres Horoskops für den zweiten Neumond nach der Geburt (Abb. 54).

Die Empfehlung könnte also lauten: «Genieße mit allen Sinnen und mit Spaß das Leben und dich als Frau; freu dich an deinen Talenten und mach was ‹Großes› draus; genieße Erfolg, du darfst ihn haben!»

Bei der Auswertung des meistaktivierten Planeten hatten sowohl Merkur als auch Mars jeweils 8 Punkte, sie sind also beide als Thema miteinzubeziehen.

Zusätzlich zur Zeichenanalogie (Zwillinge, Widder), die übertragen werden kann, hier noch eine Deutung entsprechend der Stellung der Planeten im Neumond-Horoskop: Merkur im Lö-

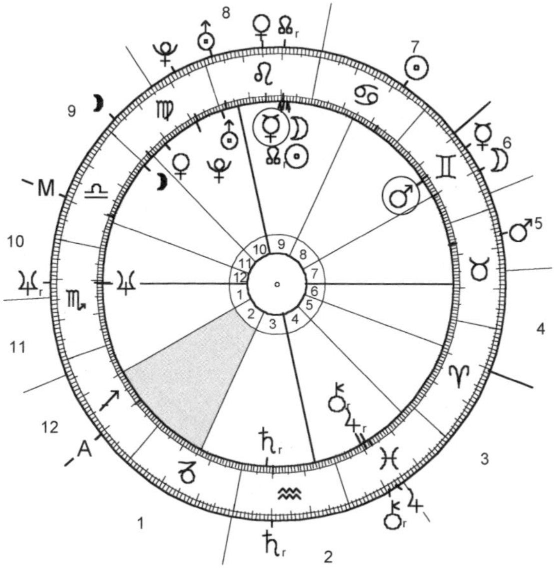

Abb. 54: Anna, Synastrie-Horoskop zweiter Neumond nach der Geburt innen / Radix außen

wen im 9. Haus heißt, es macht Spaß, eigene kreative Ideen zu haben; sich an den eigenen Vorstellungen vom Leben zu freuen und seine Meinung sagen zu dürfen. Mars in den Zwillingen im 8. Haus kann bedeuten, mit Vergnügen Tabus zu brechen, sich zu unterscheiden und zu tun, was man selbst will.

Im Bericht über ihren ersten Neumond nach der Geburt wurde schon einiges vorweggenommen in Bezug auf ihre Weiterentwicklung im zweiten Neumond-Zyklus nach der Geburt: Anna brach mit der Trennung von Mann und Kindern einige Tabus, auch in sexueller Hinsicht lernte sie, zu sich und ihren eigenen Neigungen zu stehen (Mars, Skorpion-AC), sie entwickelte eigene Vorstellungen vom Leben und dem Sinn (Merkur, 9. Haus) und ist jetzt in einer Gemeinschaft mit anderen kreativ tätig.

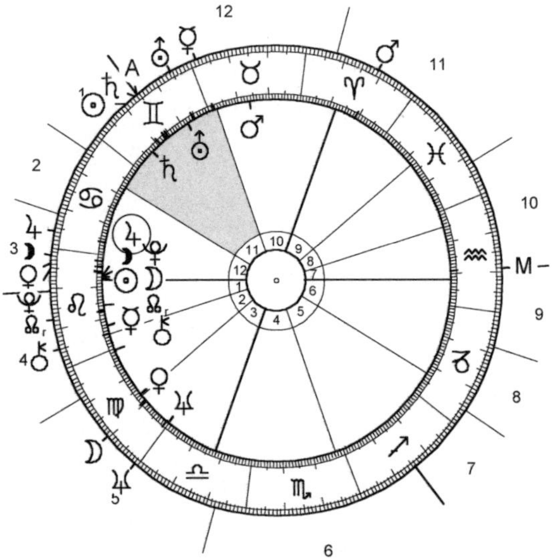

Abb. 55: Maria Synastrie-Horoskop zweiter Neumond nach der Geburt innen / Radix außen

Maria

Mit solch einer geballten Löwe-Energie im zweiten Neumond nach der Geburt (Abb. 55) hält man sicherlich nicht lange und vielleicht auch nicht wehmütig an der Krebs-Entsprechung aus dem ersten Neumond nach der Geburt fest. Die Empfehlung dieses Horoskops ist konzentriert auf: «Freu dich am Leben, nimm dich wichtig, zeig dich und das, was in dir steckt, das Leben darf Spaß machen.»

Der Radix-AC betont das 11. Haus, als Idee wäre es «die eigene Individualität leben». Der meistaktivierte Planet in diesem Neumond-Horoskop ist der Jupiter im Löwen in Konjunktion mit dem AC und dem Neumond. Weiter vorne wurden schon ihre weiten Reisen erwähnt, der Film, der über sie gedreht werden soll, und der Beginn ihrer Beschäftigung mit Astrologie, alles Entsprechungen dieser Kombination.

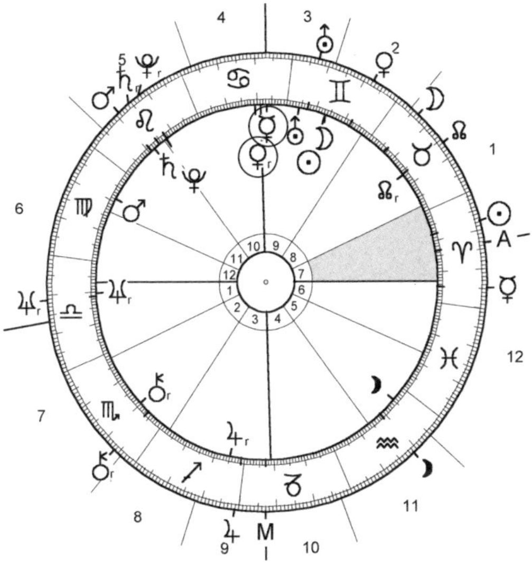

Abb. 56: Joschka Fischer, Synastrie-Horoskop zweiter Neumond nach der Geburt innen / Radix außen

Joschka Fischer

Der AC des Radix fällt in das 7. Haus des Neumond-Horoskops und so ist das Thema Beziehungen ganz allgemein hervorgehoben. Die meistaktivierten Planeten sind hier Merkur und Venus mit je 4 Punkten. Sie stehen am MC im Krebs und symbolisieren das Geschenk, das er sich nun mit Spaß und Lebensfreude selbst machen kann. Die Empfehlung könnte lauten: «Genieße es, aus deinem reichen Erfahrungsschatz zu berichten, freu dich an dem, was du an kulturellen und gesellschaftlichen Werten schreibend oder lehrend weitergeben kannst, erinnere dich an das, was du alles persönlich erfahren hast, und mache ein greifbares Werk daraus.»

Für seine ganz persönliche Weiterentwicklung hin zur Ganzheit werden nun andere, bisher kaum gelebte Qualitäten hervorgehoben. Es geht nicht mehr um die kämpferischen Anlagen, sondern eher um den Du-Bezug: Venus, AC in der Waage, der ins 7. Haus fällt, und um den ganz persönlichen emotionalen Bereich mit Venus und Merkur im Krebs.

Der Neumond vor der Geburt als spirituelle Idee bleibt allerdings zusätzlich erhalten.

Synastrie der Neumond-Horoskope zum Radixhoroskop

Die zusätzlichen Werkzeuge

Bei diesem Vergleich geht es nun darum, den Planeten und den Häuserbereich im Radixhoroskop zu finden, der vom jeweiligen Neumond-Horoskop hervorgehoben ist, denn man hat schließlich kein anderes Instrumentarium als das Geburtshoroskop, um die Idee der Neumond-Horoskope umzusetzen.

Man kann den so gefundenen Planeten als den «Träger der Idee» bezeichnen.

Dies ist jetzt ganz individuell, d.h. es können zwar viele Menschen die gleiche Idee als Auftrag haben, sie in die Welt zu bringen, aber der eine tut dies zum Beispiel auf Saturn-Art und der andere mithilfe des Uranus oder seiner persönlichen Merkur-Stellung.

Die Häuser sind hier ganz reale Lebensbereiche, die von der Neumond-Symbolik betroffen sind, und diese will sich eben auch genau dort entfalten und zeigen.

Techniken und Synastrie-Regeln

Das technische Vorgehen ist das gleiche wie es bereits oben für den umgekehrten Fall beschrieben wurde: Die Planeten und Hauptachsen des jeweiligen Neumond-Horoskops werden um das Radixhoroskop eingezeichnet. Die Häuser, in die der AC des

Synastrie-Regeln

Radix innen / Neumond außen

«Der Träger der Idee»

- Alle Interaspekte der persönlichen Planeten einschließlich Mars und der Hauptachsen des Neumond-Horoskops zu allen Planeten der Radix im 5° Orbis werden gewertet.
- Alle anderen Aspekte werden dahingehend überprüft, ob die beiden Planeten im Radix schon einen Aspekt haben – dann wird der Interaspekt ignoriert – wenn nicht, dann wird der Interaspekt gewertet.

Auswertung:

- Alle gefundenen Interaspekte werden gezählt und gewichtet:
- Konjunktionen und Oppositionen: 2 Punkte
- Alle anderen Interaspekte (Sextil, Quadrat, Trigon): 1 Punkt

Neumondes fällt und der Neumond selbst sind als Lebensbereiche hervorgehoben, um die Idee zu realisieren und werden farbig markiert. Durch das Auswerten der Interaspekte vom Neumond-Horoskop außen zu den Radix-Planeten innen findet man anschließend den meistaspektierten Radix-Planeten, der damit der Träger der jeweiligen Idee ist und als Werkzeug das spirituelle Anliegen umsetzt. Dieser Planet wird ebenfalls farbig markiert.

Dabei muss die Aspektauswahl dieses Mal allerdings etwas verändert werden. Denn in diesem Horoskopvergleich betrachtet man besonders die Winkelverbindungen der persönlichen Planeten von außen, vom Neumond-Horoskop, zu allen Planeten innerhalb des Radixhoroskops. Sie stehen auf anderen Graden, und so werden ihre Aspekte alle gewertet, auch wenn der Aspekt bereits im Radixhoroskop vorhanden ist.

Anders ist es bei den Langsamläufern ab Jupiter, die sich ja in der Regel in ihrer Stellung in Radix und Neumond nicht sehr unterscheiden. Sie haben im Radixhoroskop fast immer die gleichen Aspekte, wie sie sie nun auch von außen nach innen bilden. Deshalb werden von ihnen nur die Aspekte gewertet, die «neu», also nicht bereits im Radixhoroskop vorhanden sind.

Radix innen / Neumond vor der Geburt außen

Das Instrument für die Hintergrundmusik der Radix

Durch diese Synastrie findet man die Bereiche, die im konkreten Leben vom Neumond vor der Geburt besonders betroffen sind. Dazu werden die Häuser farbig markiert, in die der AC bzw. der Neumond fallen. Hier zieht der Betroffene womöglich die Menschen an, denen er, bewusst oder unbewusst, mit der Hintergrundschwingung des Neumondes sein Geschenk machen kann. Vielleicht macht man in diesem Lebensbereich auch am häufigsten die Erfahrung, dass man etwas kann oder einem etwas zugetraut wird, von dem man selbst nichts weiß. Der vom Neumond vor der Geburt meistaktivierte Planet im Radixhoroskop kann als zusätzlicher Tonträger oder weiteres Instrument beschrieben werden, mittels dem die Hintergrundmusik aus dem Neumond-Horoskop umgesetzt wird, damit sie in der Umwelt gehört oder wahrgenommen werden kann. Man kann sicher nachvollziehen, dass Saturn als Instrument die Hintergrundmusik auf eine andere Art vermittelt als die Venus.

Die Achsen werden zwar mit ausgewertet, man berücksichtigt sie allerdings nur am Rande, da die Geburtszeiten oft nicht so exakt sind, um sich auf die gefundenen Interaspekte mit dem Orbis von 5° verlassen zu können.

Einige Beispiele erläutern das Konzept.

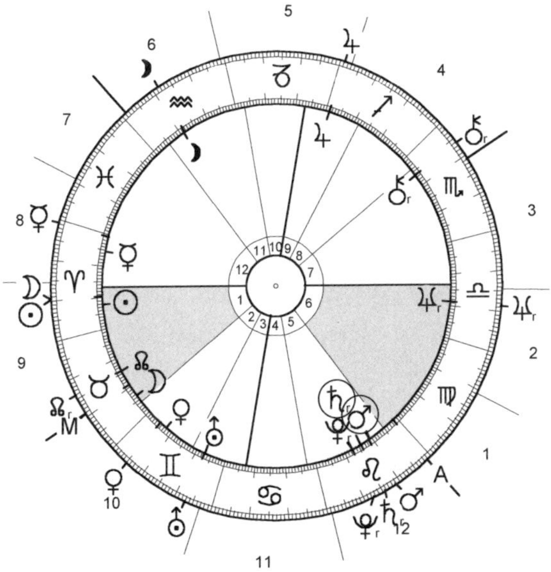

Abb. 57: Joschka Fischer. Synastrie-Horoskop Radix innen / Neumond vor der Geburt außen

Joschka Fischer

Der Neumond vor der Geburt fällt in das 1. Haus des Radix; die Idee möchte sich also direkt über Fischers Auftreten nach außen realisieren. Das spirituelle Geschenk des Widder-Neumondes als Schwingungsenergie umgibt ihn körperlich und «wirkt» impulsgebend, wenn er auftritt. Seine Umgebung kann das als anregend, motivierend und Mut machend erleben oder auch als streitbare und kämpferisch-aggressive Energie wahrnehmen.

Der AC des Neumond-Horoskops hebt das 6. Haus als Lebensbereich hervor. Die Idee des Widder-Neumondes im 9. Haus will sich also real konkretisieren. Eine mögliche Übersetzung wäre: «Gib deine Gaben in konkrete Aufgaben, realisiere pionierhaft Zukunftsvisionen.» Im weitesten Sinne geht es hier im 6. Haus um die «Heilung» der Umwelt, um den Schutz und das sorgsame Umgehen mit der Natur, unserem «verkörperten» Lebensraum. Durch den AC in diesem Bereich ist er aufgefordert, sein Geschenk an die Welt hier «dienend» einzusetzen, um ein neues Bewusstsein dafür zu initiieren.

Auswertung der Interaspekte	
Sonne	Konjunktion Neumond, Trigon Mars = 3 Punkte
Mond	Quadrat Mars, Konjunktion MC = 3 Punkte
Merkur	Konjunktion Merkur, Sextil Venus = 3 Punkte
Venus	Konjunktion Venus = 2 Punkte
Mars	Trigon Neumond, Konjunktion Mars,
	Quadrat MC = 4 Punkte
Jupiter	Quadrat Merkur, Trigon AC = 2 Punkte
Saturn	Trigon Neumond, Konjunktion Mars, Quadrat MC = 4 Punkte
Uranus	Sextil Neumond, Sextil Mars = 2 Punkte
Neptun	keine Interaspekte = 0 Punkte
Pluto	keine Interaspekte = 0 Punkte
Chiron	Quadrat Mars, Opposition MC = 3 Punkte
AC	Konjunktion Neumond, Trigon Mars = 3 Punkte
MC	keine Interaspekte = 0 Punkte

Seine Mars/Saturn-Konjunktion im 5. Haus ist also der Träger der Idee, beide Planeten bekommen je 4 Punkte. Fischer wird die Idee des Neumondes vor der Geburt demnach auf der einen Seite marsisch umsetzen, an vorderster Front und nicht mit seinem Willen bescheiden im Hintergrund bleibend, sondern überzeugt sein von seinem Handeln; auf der anderen Seite saturnisch mit Ehrgeiz, Ausdauer, aber eben auch einem ganz konkreten, gesellschaftlichen Bezug. (Mars ist der Herrscher des AC, Saturn der Herrscher des MC.) Das Instrument für die Hintergrundmusik passt in seinem Fall sehr gut zu der Musik, als Bild könnte man sich ein lautstarkes Horn vorstellen, das zur Jagd bläst.

Es gibt natürlich noch viele andere Möglichkeiten, diese Planetenkombination zu leben. Wir können es im Fall Fischer metagnostisch so deuten, da wir ihn öffentlich erlebt haben, allerdings natürlich nicht in der Variation einer persönlichen Begegnung.

Im Fall eines Klienten ist es deshalb wichtig, mit dem Betreffenden darüber zu reden, wie er sein Handwerkszeug, sein Instrument bisher genutzt hat und welche Möglichkeiten es noch gäbe. Da dieser Neumond vor der Geburt als Idee ein Leben lang gültig bleibt, ist es für den Betreffenden wichtig, bewusst mitzugestalten.

Deshalb noch ein Beispiel aus meiner Praxis. Betrachten wir Maria, die wir schon weiter vorne kennengelernt haben.

Maria

Der AC des Neumond-Horoskops hebt das 9. Haus als Lebensbereich hervor. Hier geht es um die Themen Weltanschauung, Weiterbildung, Reisen, Sinnsuche usw., und Maria hatte sich als Entsprechung eine Glaubensgemeinschaft, das Kloster, ausgesucht.

Der Neumond fällt in das 1. Radix-Haus, und damit ist Maria aufgefordert, die Idee unter anderem mittels ihres persönlichen Auftretens umzusetzen.

Bei der Auswahl der Interaspekte bekommen Merkur und Jupiter je 6 Punkte. Die Zwillinge/Schütze-Idee wird noch einmal verstärkt mit Merkur und Jupiter als Träger, als Vermittler der Idee.

Mit Merkur im 12. Haus und im Stier als ihrem Werkzeug, um die Idee des Neumondes zu realisieren, ist es ihr ein Anliegen,

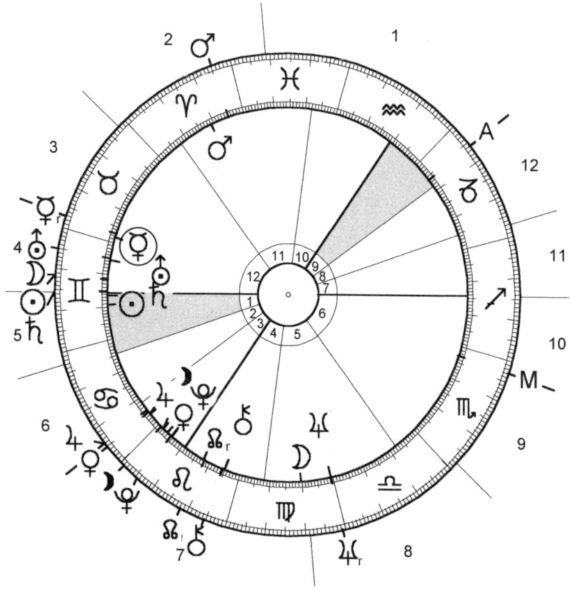

Abb. 58: Maria, Synastrie-Horoskop Radix innen / Neumond vor der Geburt außen

die spirituellen Gedanken und Ideen auch in konkrete Formen zu bringen. Möglicherweise lässt sie sich von ihren Vorstellungen auch nicht so leicht abbringen oder sie hat ihren «Glauben» lange durchdacht und möchte das Ungreifbare «greif-bar» machen. Dazu will sie reden, das, was sich in ihrem Inneren abspielt, mitteilen, auch für andere verständlich machen. Sie hatte schon als Kind viel gefragt, wollte mehr wissen, als nur äußerlich erkennbar war, und ging anderen damit auf die Nerven. Das Bild für Merkur als Instrument könnte vielleicht eine Blockflöte sein, auf dem ein Kind stundenlang übt. Dazu kommt jetzt noch Jupiter im 3. Haus als Instrument oder Werkzeug. Ihre Umwelt hat sie damit wohl als Besserwisserin wahrgenommen und sie dauernd in ihre Schranken verwiesen. Aber Jupiter als Träger einer Zwillinge-Neumond-Idee kann bei dieser Stellung nicht schweigen, schon gar nicht, wenn es um Ungerechtigkeit geht. Die Idee muss sogar lautstark und voll Enthusiasmus oder Empörung verkündet werden. Als Instrument wäre hier eine Trompete denkbar. Und so war es nicht verwunderlich, dass sie in der strukturierten Glaubensgemeinschaft ebenso aneckte wie in ihrem privaten Bereich in Kindheit und Schule.

Da dieser Neumond als Idee bestehen bleibt, ist es für Maria also wichtig, eine für sie angenehmere Variante der beiden Träger-Planeten zu finden.

Ihre weiten Reisen wurden schon erwähnt, die sicher eine Jupiter-Entsprechung sind. Wenn sie diese Reisen nun noch mit weltanschaulicher Weiterbildung und anschließenden begeisternden und konkreten Informationen für Interessierte verbindet, wäre auch der Merkur im Stier und im 12. Haus beteiligt und dürfte sprudeln. Diese Zuhörer wären dann sicher auch dankbar über die Fülle ihres Wissens. Auch Gespräche über den Sinn des Lebens oder Glaubensangelegenheiten wären eine positive Möglichkeit für Merkur und Jupiter, sich zu entfalten. Maria hat eine Astrologieausbildung gemacht und berät Klienten auch besonders gerne bei transzendenten Fragestellungen.

Auch der Psychoanalytiker Carl Gustav Jung ist ein Beispiel, das die Thematik verdeutlicht.

Carl Gustav Jung

Da C.G. Jung im Radixhoroskop die umgekehrten Achsen wie im Neumond-Horoskop hat, betonen die beiden Aszendenten jeweils das 7. Haus. Es geht Jung um das Thema «Beziehungen als Idee» aus dem Neumond-Horoskop, und jetzt im Geburtshoroskop wird der Lebensbereich der konkreten Begegnungen angesprochen. Das Interesse an seinen Mitmenschen war wohl groß.

Im Neumond-Horoskop finden wir den Neumond im 12. Haus, dieser fällt nun im Radixhoroskop ins 6. Haus. Im Neumond-Horoskop war der Merkur im 12. Haus der Planet, der

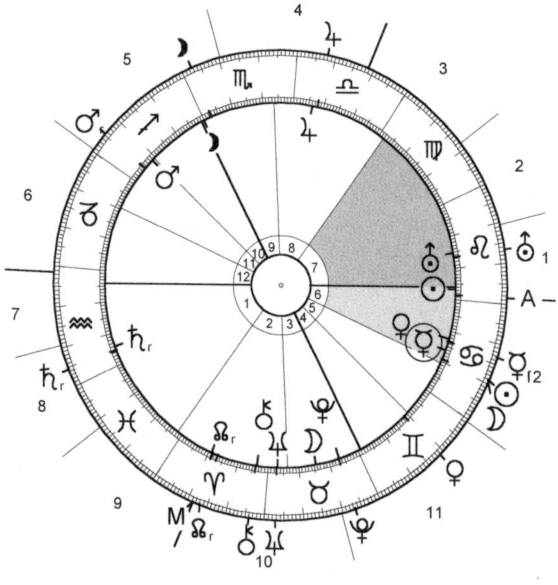

Abb. 59: C. G. Jung, Synastrie-Horoskop Radix innen / Neumond vor der Geburt außen

als zusätzlicher Faktor zum Krebs-Neumond dazukam, nun ist es der Radix-Merkur im 6. Haus, der als meistaktivierter Planet (sieben Punkte) die Funktion des Trägers der Idee oder des Werkzeugs übernimmt. Die Achse 6/12 ist als Thema also deutlich angesprochen: Heilen im Sinne von Ganzwerdung, Gesundheit als Einklang von Körper, Seele und Geist, die Verbindung der transzendenten mit der realen Welt, der Individuationsprozess. Dieses Wissen um die Seele als Gabe wollte und sollte er auch konkret als Aufgabe vermitteln und hatte damit genau die Chiron/Jungfrau-Funktion. Man kann sich den Krebs-Merkur als eine Pan-Flöte vorstellen, die mit ihren dunklen, warmen Tönen die Seele zum Schwingen bringt.

Radix innen / erster Neumond nach der Geburt außen

Das «Kostüm» der Rolle, die man im Sippen- und Familienverband übernimmt

Der erste Neumond nach der Geburt beschreibt die Rolle und die Funktion, die wir für Sippe und Familie übernehmen. Die Synastrie zum Radixhoroskop zeigt nun durch die Häuserbetonung des Neumond-AC und des Neumondes die Lebensbereiche an, die von der Funktion am meisten betroffen sind. In diesen Bereichen fühlt man sich, natürlich oft unbewusst, aufgefordert, die erwartete Rolle zu übernehmen.

Der im Radixhoroskop vom Neumond am meisten aspektierte Planet ist auch hier der Träger oder das Werkzeug der Idee, um die Erwartungen oder Vorwürfe zu erfüllen. Man kann sich die Art und Weise des aktivierten Planeten auch als ein entsprechendes Rollenkostüm vorstellen, dass die Vorgehensweise beschreibt. Zum Beispiel könnte man sich bei der Venus ein Kostüm vorstellen, das anmutig, sinnlich und schön ist, wohingegen der Mars als aktivierter Planet eher in einer Rüstung oder im Kampfanzug auftreten würde.

An zwei Beispielen kann man die Bedeutung des «Kostüms» gut verfolgen.

Konstantin Wecker

Der Wassermann-AC des Neumond-Horoskops fällt in sein zweites Radix-Haus, wir finden also auch hier ein Venus-Thema wie schon in der Synastrie vom Radixhoroskop zum Neumond. Sinnlichkeit, Genuss und Weckers körperlicher Einsatz, z.B. bei seinen Konzerten, gehörten zu seiner Rolle und Funktion unbedingt dazu. Der Saturn als Herrscher dieses Hauses steht im 8. Haus und dieser Lebensbereich wird zusätzlich vom Neumond hervorgehoben. Es ist also die Achse 2/8 farbig zu markieren.

Doch vor der Deutung kommt erst noch die Auswertung der Aspekte, um den meistaktivierten Planeten zu finden. Allerdings habe ich die Radix-Achsen hier weggelassen, da die Geburtszeit von 21.00 Uhr nicht sehr genau erscheint.

Nun die Auswertung der Aspekte, um den meistaktivierten Planeten zu finden.

Auswertung der Interaspekte	
Sonne	Konjunktion Venus = 2 Punkte
Mond	Trigon Merkur, Opposition Mars = 3 Punkte
Merkur	Konjunktion Neumond = 2 Punkte
Venus	keine Interaspekte = 0 Punkte
Mars	Quadrat AC = 1 Punkt
Jupiter	Trigon Merkur, Opposition Mars = 3 Punkte
Saturn	Sextil Venus, Opposition AC, Trigon MC = 4 Punkte
Uranus	keine Interaspekte = 0 Punkte
Neptun	Trigon Venus, Trigon AC = 2 Punkte
Pluto	Konjunktion Saturn = 2 Punkte
Chiron	Quadrat AC

Saturn im 8. Haus ist mit vier Punkten der meistaktivierte Planet, der Träger der Neumond-Idee des Sippen- und Familien-Neumonde. Er verbindet quasi die beiden Häuser 2 und 8. Konstantin Wecker hat mit seinen Liedtexten und auch durch sein exzessives Leben Schattenthemen der Gesellschaft öffentlich gemacht. Aus einem Lied (»No amol der Jo wieder sei«) stammt der Satz: »Gelernt hab ich nur tief im Dreck«, womit er wohl ausdrücken will, dass er die meisten Erfahrungen in Krisenzeiten machen konnte. Saturn in dieser Art gelebt, fordert auch die saturnischen Sanktionen des Staates heraus, die er dann am Ende dieses Neumondes erfahren musste. Er hat

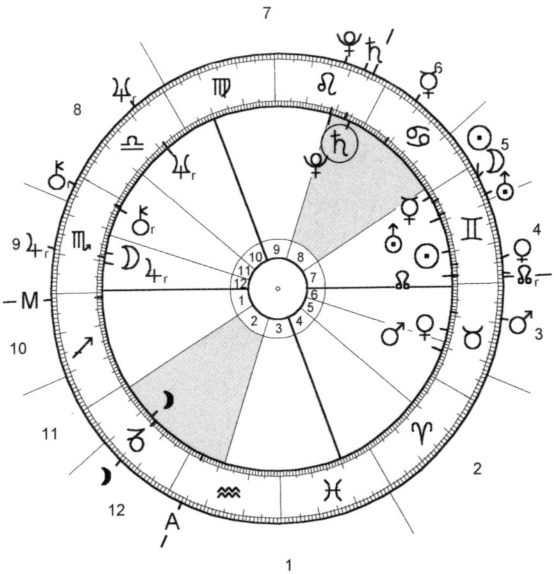

Abb. 60: Konstantin Wecker, Synastrie-Horoskop Radix innen / erster Neumond nach der Geburt außen

das Thema des 8. Hauses ernst genommen, ist vor keinem Tabu zurückgeschreckt und hat seine eigenen plutonischen Erfahrungen in seinen Liedern in eine Form gebracht, die ihm und der Neumond-Idee entsprach.

Maria

Der Neumond fällt in Marias 2. Radix-Haus, das Thema Werte, Schönheit usw. (die für sie unästhetische Haube, aber auch Geld, was immer nur für andere war, wie sie selbst sagte) und ihr Selbstwert wurden dadurch angesprochen. Für sie erschien es, als müsste sie sich diesen Selbstwert verdienen, indem sie für andere da war, deren Wert höher schätzte, und für sich selbst auf fast alles verzichtete.

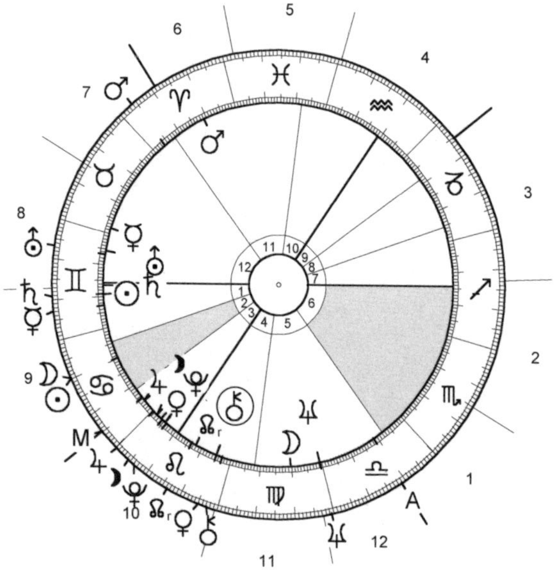

Abb. 61: Maria, Synastrie-Horoskop Radix innen / erster Neumond nach der Geburt außen

Der AC des Neumondes betont ihr 6. Haus, und Chiron im 4. Haus ist mit 4 Punkten der meistaktivierte Planet. Die Glaubensgemeinschaft, in die sie mit Beginn dieses Neumondes eintrat, hieß dann auch passend «Arme Dienstmägde Christi».

Mit dem Krebs-Neumond und Chiron im 4. Haus suchte sie wohl ein Zuhause und Geborgenheit, hätte dies sicher auch gerne anderen gegeben, erlebte aber durch ihre Andersartigkeit (Chiron) immer wieder die gleichen Verletzungen. Maria wollte gerne «dienen», aber eben mit dem, was sie zu geben hatte, und das ist auch die eigentliche Bedeutung von Chiron. Aber hier in der Glaubensgemeinschaft wurde eher die Aufgabe der Persönlichkeit gefordert, als dass die Aufgaben der Persönlichkeit entsprachen. Maria fühlte sich in dieser «Familie» in ihrer Eigenart nicht akzeptiert (Chiron im 4. Haus). Sie hatte die Chiron-Rolle in der unerlösten Form inne, das entspricht im Mythos der Phase, in der Chiron sich wegen seines Pferdeunterleibs schämt. Sie litt unter ihrer Andersartigkeit, bis sie 1975, kurz vor der Opposition, die Gemeinschaft verließ.

Ich lernte Maria erst nach Beendigung dieses ersten Neumondes nach der Geburt kennen, ansonsten hätte man für die entsprechende Rolle sicher auch für sie passendere Entsprechungen finden können.

Radix innen / zweiter Neumond nach der Geburt außen

Das Werkzeug für die persönliche Weiterentwicklung

Die Synastrie-Regeln gelten hier genauso wie bei den anderen beiden Horoskopvergleichen. Man wird allerdings feststellen, dass sich manche neue Interaspekte zwischen den Langsamläufern aus dem Neumond-Horoskop zu denen im Radixhoroskop ergeben, die im Geburtshoroskop noch nicht zu finden waren.

Der zweite Neumond nach der Geburt ist eine Empfehlung, welchen Zeichen- bzw. Häuserentsprechungen sich der Betreffende mit Freude und Spaß widmen soll, um sie in sich zu integrieren und sich weiterzuentwickeln hin zur Ganzheit. Die Aktivierungen im Radixhoroskop, die Häuser, in die der AC und der Neumond fallen, zeigen nun die Lebensbereiche, die im konkreten Leben davon betroffen sind. Die Häuser werden farbig markiert. Der durch die Interaspekte gefundene Planet mit den meisten Aktivierungen ist der Akteur im Leben des Betroffenen, der die Idee auf seine Art umsetzt, oder er ist das Werkzeug, das genutzt werden soll für die persönliche Weiterentwicklung.

Wieder an zwei Beispielen sollen Technik und die Deutungsmöglichkeiten erläutert werden.

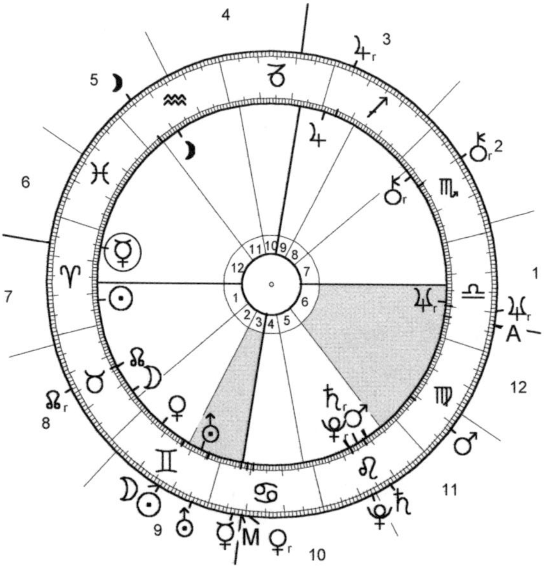

Abb. 62: Joschka Fischer, Synastrie-Horoskop Radix innen / zweiter Neumond nach der Geburt außen

Joschka Fischer

Der AC des Neumond-Horoskops fällt in sein 6. Radix-Haus. Damit ist es für ihn wichtig, mit Beginn dieses individuellen Neumondes im August 2004 eine Aufgabe zu finden, die seinen Gaben entspricht, die Spaß macht und wo er mit Merkur und Venus im Krebs als die beiden aktivierten Planeten aus dem Neumond-Horoskop sich auch emotional wohl und zu Hause fühlt und mit ganzer Seele dabei sein kann. Der zweite Neumond nach der Geburt steht mit einem Orbis von 2° auf der Spitze des 3. Radix-Hauses, betont also den Lebensbereich der Kommunikation, des Schreibens und Lehrens. Diese Kombination dürfte Herrn Fischer nicht schwerfallen.

Jetzt muss noch der meistaktivierte Planet aus dem Radix gesucht werden, der beschreibt, mittels welcher Energie oder

Qualität er diese Lebensbereiche und Themen angehen will und kann, um sich weiterzuentwickeln.

Auswertung der Interaspekte	
Sonne	keine Interaspekte = 0 Punkte
Mond	keine Interaspekte = 0 Punkte
Merkur	Quadrat Merkur, Opposition Neptun, Opposition AC, Quadrat MC = 6 Punkte
Venus	Quadrat Mars, Trigon AC = 2 Punkte
Mars	Sextil Neumond = 1 Punkt
Jupiter	Opposition Uranus = 2 Punkte
Saturn	Sextil Neumond, Quadrat Chiron = 2 Punkte
Uranus	Opposition Jupiter, Sextil Saturn
Neptun	Quadrat Merkur, Quadrat Venus, Konjunktion AC, Quadrat MC = 5 Punkte
Pluto	Sextil Neumond = 1 Punkt
Chiron	keine Interaspekte = 0 Punkte
AC	Sextil Neumond = 1 Punkt
MC	Opposition Merkur, Opposition Venus, Trigon Mars, Quadrat AC, Opposition MC = 8 Punkte

Auch bei dieser Geburtszeit von 5.30 Uhr berücksichtige ich die Achsen des Geburtshoroskops nicht. Der Planet Merkur ist mit sechs Punkten der meistaktivierte Faktor im Radixhoroskop. Sein Widder-Merkur im 12. Haus kann sich nun mutig, mit Fantasie und voller Freude ans Werk machen. Auch in dieser Synastrie passt das zu nutzende Werkzeug im Radixhoroskop sehr gut zum Thema aus dem Neumond-Horoskop für seine individuelle Weiterentwicklung, wie schon im Vergleich zwischen Radix und erstem Neumond nach der Geburt.

Der AC und der Neumond fallen in Marias 4. Radix-Haus, und so heißt die Empfehlung für die persönliche Weiterentwicklung, die im Juli 1994 mit dem Beginn des zweiten Neumondes nach der Geburt für sie in den Mittelpunkt rückte: «Hör auf deinen ‹Bauch›, sorge gut für dich, mache das mit Freude, was dir ganz persönlich gut tut usw.»

Die meistaktivierten Planeten mit jeweils sechs Punkten sind Pluto und Venus. Sie stehen miteinander in Konjunktion im Löwen im 3. Haus. So könnte es für sie entwicklungsfördernd sein, sich als Frau zu fühlen und zu zeigen, vielleicht auch intensiv zu lieben, leidenschaftlich das Leben zu genießen und womöglich manches ehemalige Tabu zu brechen. Pluto hatte früher ihre Löwe-Venus eventuell tabuisiert, sie in den Hades, in sein Reich der Unterwelt verbannt, und so durfte sie sich nicht wichtig nehmen, sich nicht zeigen, schon gar nicht in ihrer Weiblichkeit. Jetzt hingegen kann sie den «Schatz» einer strahlenden, selbstbewussten Frau aus der Unterwelt nach oben holen, denn Pluto ist ja auch der Hüter der Schätze, in die sich das in seiner Unterwelt Gelagerte verwandeln kann, und wenn die Zeit reif ist, öffnen sich die Türen und er gibt sie frei.

In Bezug auf das 3. Haus bekommt Maria jetzt von diesem zweiten Neumond nach der Geburt praktisch die «Erlaubnis» zu sagen, was sie denkt, kraftvoll und ehrlich ihre Meinung auszudrücken, und sich endlich intensiv und kreativ-lustvoll mit den Dingen hinter den Dingen zu beschäftigen.

Bei einer solchen spirituellen Beratung ist es wichtig, die Empfehlung, die Erlaubnis dieses Neumond-Zyklus zu vermitteln. Ich beobachte dabei dann oft, wie ein Strahlen, eine Art Glanz in die Augen der Betroffenen kommt. Sie haben es ja längst gespürt, wollten auch, aber trauten sich oft nicht. Vielleicht war das Thema auch in der Vergangenheit negativ besetzt, sodass sie sich mit diesem Anteil für «schlecht» hielten und sich nicht gestatteten, ihn zu leben. Deshalb ist es auch sehr wichtig,

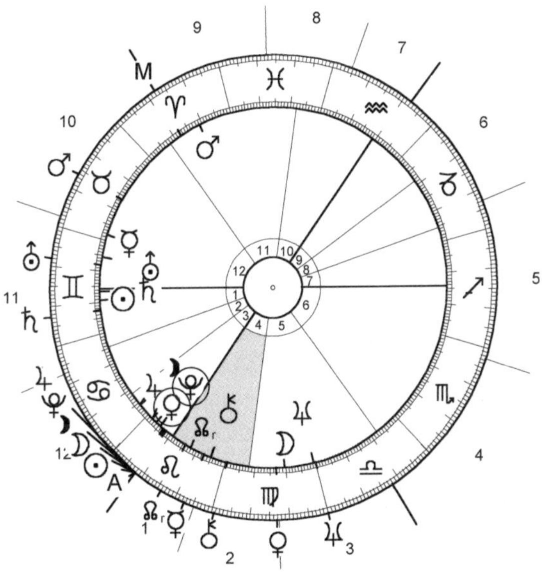

Abb. 63: Maria, Synastrie-Horoskop Radix innen / zweiter Neumond nach der Geburt außen

mit dem Klienten die positiven Entsprechungen zu entwickeln und ihn die Auswahl treffen zu lassen, was für ihn lustvoll sein könnte und ihm Spaß machen würde.

Schlussgedanken

Die Beschäftigung mit den Neumond-Horoskopen bringt viele neue, zusätzliche Erkenntnisse und ermöglicht ein tieferes Verständnis für die Lebensthemen eines Ratsuchenden, sei es in Bezug auf eine spirituelle Fragestellung oder aber auch als Hintergrundinformationen für das Geburtshoroskop oder die Prognose.

Wir sind alle in Rhythmen eingebettet. Die einen verbinden uns mit allen anderen Menschen, wie der Zyklus des Transit-Saturn zu seiner Radixhoroskopstellung, andere wiederum sind individuell, beispielsweise der Transit von Saturn zu den anderen Radix-Planeten.

Mit den Rhythmen der progressiven Neumonde und ihren speziellen Themenstellungen sind wir nun noch einmal eingebunden, sowohl kollektiv in die zeitliche Entwicklung eines Themas über Beginn, Auf- und Abstieg bis hin zum Ende, als auch ganz individuell, je nach Anfang des jeweiligen Neumond-Themas.

Alles hat seine Zeit, Leben ist Rhythmus, Leben ist Zyklus. Mit der Technik der progressiven Neumonde können wir das in unserem eigenen Leben noch besser verstehen und nachvollziehen.

Der Neumond vor der Geburt beschreibt die spirituelle Idee des Daseins. Seine Deutung kann helfen, die eigene Lebensaufgabe, das Geschenk, das durch jeden von uns in die Welt kommen will, zu begreifen und bewusst zu gestalten.

Darüber hinaus bleibt dieses Thema das ganze Leben als Hintergrundmusik des Radixhoroskops wirksam und ergänzt unsere hier abgebildeten bekannten Anlagen, sei es, dass der Neumond sie betont, sei es, dass er zusätzliche Qualitäten enthält, die es zu nutzen gilt. Jedes Geburtshoroskop entschlüsselt sich ganzheitlicher, und die Betroffenen fühlen sich besser verstanden in ihrem So-Sein unter Berücksichtigung und Verwendung der zwei wichtigen Deutungskriterien dieses Neumond-Horoskopes, dem Aszendenten und dem Neumond in Zeichen und Haus.

Der erste Neumond nach der Geburt mit seiner Beschreibung des Familien- und Sippen-Themas lässt uns übernommene Rollen, Pflichten und Verantwortlichkeiten besser verstehen, so dass wir uns diesen bewusst und in eigenverantwortlicher Gestaltung stellen können.

Die zyklische Entwicklung dieses Neumondes mit den wichtigen Eckpunkten gibt bei der Prognose wichtige Hintergrundinformationen über Wendepunkte im Leben des Betreffenden, die ohne den Bezug zu diesem Thema vielleicht nicht in ihrer inhaltlichen Dimension verstanden werden können.

Die nach der Beendigung dieses ersten Neumondes nach der Geburt folgende Dunkelmond-Phase ist eine Zeit der Umorientierung und sollte bei keiner Prognose unberücksichtigt bleiben. Sie fühlt sich häufig an wie eine Art Geburt, bei manchen verbunden mit Schmerzen und Ängsten, bei anderen wiederum mit Vorfreude auf das Neue, das da kommen wird. Es ist sowohl eine Zeit des Abschieds von alten Themen als auch die Vorbereitung auf das Eigene, und beides zu besprechen ist in einer Beratung für Menschen in dieser Phase wichtig, um bewusst mit dieser Wendezeit umzugehen.

Der zweite Neumond nach der Geburt enthält im Aszendenten und dem Neumond in Zeichen und Haus die Empfehlung, ihre Symbolik mit Spaß und Freude für die persönliche Weiterentwicklung zu nutzen.

Viele werden auch noch den dritten Neumond nach der Geburt mit seiner Essenz-Thematik erleben. Da ich hierzu noch nicht so viel Material habe, würde ich mich freuen, wenn Sie, liebe Leserin, lieber Leser, mir Ihre Erfahrungen mitteilen.

Ich würde mir wünschen, dass Sie sich von dem komplexen Thema der Neumond-Horoskope anregen lassen und noch weiter damit experimentieren.

Sowohl im Partnervergleich als auch in den Synastrien von Eltern und Kindern kann man zu erstaunlichen Ergebnissen kommen. Ich setzte dabei sowohl das Radixhoroskop mit den Neumond-Horoskopen in einen Vergleich als auch die Neumond-Horoskope untereinander. Es ist ebenfalls interessant zu schauen, in welchem Zyklusabschnitt des jeweiligen Neumondes die Partnerschaft begann oder das Kind geboren wurde, da es Rückschlüsse zulässt über den Hintergrund des Ereignisses. Ebenso bieten die Prognosemethoden der Transite, der Progression und des Solars in Bezug auf die Neumond-Horoskope noch viel Erkundungsspielraum.

Der Neumond ist ein uraltes Symbol, das es wert ist, neu entdeckt und erforscht zu werden, es kann die moderne psychologisch-spirituelle Astrologie bereichern.

Danksagung

Ohne die bereichernde und inspirierende Vorarbeit von Dane Rudhyar und Verena Bachmann hätte ich die Idee der Neumond-Horoskope nie kennengelernt und mich auch nicht an dieses noch wenig erforschte und veröffentliche Thema herangewagt. Ihnen meinen herzlichen Dank.

Ich bedanke mich ebenso herzlich bei all meinen Studentinnen und Studenten und bei allen Klientinnen und Klienten, besonders bei denen, die sich mit ihrer Lebensgeschichte hier zur Verfügung gestellt haben. Durch ihre Offenheit diesen neuen Deutungselementen gegenüber und ihre Bereitschaft, mir von ihren Erfahrungen zu erzählen, konnten die Ideen und Konzepte mit Leben gefüllt werden.

Ein weiterer Dank gilt meinem Kollegen Ernst Ott, der mir Mut machte, mich an diese kompakte Aufgabe heranzuwagen, und meinem Verleger Reinhardt Stiehle, der geduldig auf die Vollendung wartete.

Und last but not least möchte ich mich bei Evelyne Okonnek bedanken, die sich durch die vielen Beispiele ohne Ansicht der Horoskope «durch-verstanden» hat und somit manches sprachliche Chaos verhinderte. Das beweist sowohl ihr Talent für Sprache als auch für Astrologie.

Standardwerke der Astrologie

ERNST OTT

Der Deszendent

Das Tor zur Partnerschaft im Horoskop
Broschur, 265 Seiten, 38 Abbildungen

ISBN 3-925100-43-1

Der Deszendent entspricht dem Westhorizont, an dem die Sonne untergeht. Gibt es ein schöneres Bild für die Liebe als einen romantischen Sonnenuntergang? Während der Aszendent unser Selbstbild darlegt, ist der Deszendent das Symbol für unser Partnerbild. Mit der Himmelsrichtung Westen ist aber auch die Faszination der Macht verknüpft, denn der Ort der untergehenden Sonne weckt die Lust zu erobern. Zudem stehen wir am Deszendenten am Scheideweg, denn es stellt sich die Frage, ob und wieweit wir uns auf den Partner einlassen wollen. Bei einer genauen Kenntnis des Deszendenten erfahren wir alles über die innere Bereitschaft zur Liebe.

- Warum fühlen wir uns zu einem bestimmten Menschen hingezogen?
- Was wollen wir in der Liebe erobern?
- Welche Machtspiele treten in der Beziehung auf?
- Was bedeutet es sich zu binden?
- An welche Grenzen geraten wir in einer Beziehung?

Der Leser erhält ausgiebige Beschreibungen des Deszendenten in den Tierkreiszeichen, jeweils mit dem dazugehörigen Selbstbild und Partnerbild. Anhand vieler Beispiele wird gezeigt, wie sie die Themen des Deszendenten entwickeln können. Wenn Sie besser verstehen wollen, was Ihnen begegnet und wenn Sie mit mehr Zufriedenheit lieben wollen, so können Sie von Deszendenten Ihres Horoskops viel Wichtiges dazu erfahren.

Standardwerke der Astrologie

ERNST OTT

Astrologie mit Tarot

212 Seiten, Hardcover, 115 Abbildungen
ISBN 3-89997-122-1

In diesem Buch erfahren Sie, wie Sie mittels der Tarotkarten das eigene Horoskop besser verstehen können. Der Autor stellt alle Methoden und Legetechniken vor, die er im Verlauf von Beratungen entwickelt hat, bei denen er Astrologie mit Tarot kombiniert hat. Die Astrologie zeigt den übergeordneten Sinn- und Bedeutungszusammenhang. Der Tarot hingegen spiegelt als Augenblicksorakel den aktuellen inneren Zustand des Fragers. Zwar nimmt auch er uns nicht die konkrete Entscheidung für unser Tun ab, gibt jedoch durch das gezogene Bild eine sinnlich erfassbare Momentaufnahme des gegenwärtigen Entwicklungsstandes. Vereinfacht ausgedrückt: Die Sterne wissen nicht, wie Sie Ihre Potenziale zur Zeit konkret leben, Ihr Unbewusstes aber weiß es und führt Ihre Hand beim Kartenziehen.

Der Wert des Buches liegt aber vor allem darin, dass der Autor die Verschiedenheit der beiden System deutlich macht und nutzt. Denn gerade weil Astrologie und Tarot so unterschiedlich sind, ergänzen sie sich in der Beratung vorzüglich. Und genau da liegt der Schwerpunkt dieses Buchs. Ernst Ott schöpft aus grosser Erfahrung und zeigt, wie die astrologische Beratung durch Tarot farbiger, vielseitiger und ergiebiger wird. *Hajo Banzhaf in Astrologie Heute Nr. 116*

CHIRON VERLAG

Standardwerke der Astrologie

MELANIE REINHART

Die Hauptachsen im Horoskop

Verankerung der Existenz
150 Seiten, 5 Abbildungen, Broschur

ISBN 3-925100-67-9

Die Hauptachsen teilen das Horoskop in vier gleiche Teile. Aszendent, MC, Deszendent und IC befinden sich an deren Spitze. An den Hauptachsen und den davon abgeleiteten Häusern erkennen Sie, wo Ihr existentielles Potential liegt. Sie zeigen Ihnen, wie Sie in der Welt verankert sind und verdeutlichen Ihnen die Grundmuster, aus denen Ihre Lebensgeschichte besteht. Die Hauptachsen konfrontieren Sie mit den eigentlichen Fragen der Existenz: Wer bin ich? Wer bist Du? Woher komme ich? Wohin gehe ich?
Die Autorin nimmt den Leser mit auf eine Reise um die Eckpunkte des Tierkreises. Sie beschreibt die Bedeutung der zugehörigen Elemente und Qualitäten. Besonders wichtig sind dabei die Transite der äußeren Planeten, da diese mit dem Anfang oder Ende ganzer Lebensabschnitte korrespondieren.

»Noch mehr sind es die Deutungsbilder der Autorin, die man in dieser Gehaltfülle so noch nicht gelesen hat. Melanie Reinhart nimmt den Leser mit auf eine Reise um die Eckpunkte des Tierkreises, auf der sie die Bedeutung der zugehörigen Elemente und Qualitäten einfühlsam und nachvollziehbar beschreibt. Kurzum: Der Autorin gelingt es, die Hauptachsen persönlich erfahrbar werden zu lassen – und zwar durch die Konfrontation mit den eigentlichen Fragen des Seins.«

MerCur – Trends aus Astrologie, Psychologie und Gesundheit

CHIRON VERLAG